中国学术出版十年
（2011~2020）

主　编　谢寿光
副主编　蔡继辉
　　　　刘德顺
执行主编　柳　杨

Decade of Chinese Academic Publishing
（2011-2020）

社会科学文献出版社
SOCIAL SCIENCES ACADEMIC PRESS (CHINA)

主编简介

谢寿光，1956年生，毕业于厦门大学哲学系，曾先后担任《中国大百科全书》哲学卷、社会学卷责任编辑，编辑部主任、社长助理、社党组成员。1997年9月调入中国社会科学院社会科学文献出版社，任副社长兼副总编辑，主持日常工作。1998年10月任社长兼总编辑，2003年任社长，2020年11月卸任。

现任中国出版协会副理事长，中国社会学会秘书长，中国管理科学学会副会长，编审，二级研究员，华侨大学特聘教授，安徽大学、澳门科技大学等高校兼职教授。1993年起享受国务院特殊津贴；1996年获全国优秀中青年编辑称号；2008年，被评为"全国新闻出版行业领军人才"；2009年荣获"韬奋出版奖"；2010年被评为中国社会科学院科研先进个人；2013年起，受聘担任国家社会科学基金学科规划评审组专家；2017年，荣获"第四届中国出版政府奖优秀出版人物奖"；2018年，获中国出版政府奖先进人物称号。

先后主持国家大型国情调研项目，出版"中国国情丛书——百县市经济社会调查"100多卷，主持多项国家社科基金科研项目，担纲国家学术出版规范研制。开创知名学术品牌"皮书系列"图书，被誉为"中国皮书出版第一人"。

主要学术成果包括《哲学百科辞典》(合著,1992)、《中国社会工作百科全书》(主编,1994)、《中国大百科全书(简明版)》(社会学条目主要作者,1997)、《皮书手册:写作、编辑出版与评价指南》(主编,2016)、《学术出版研究中国学术图书质量与学术出版能力评价》(合著,2018)、《中国学术出版:现状、问题与机遇》(论文,2013)、《全面深化改革:中国社会学的使命担当》(论文,2014)、《学术出版与中国国际话语体系的构建》(论文,2014)、《大数据时代的学术出版》(论文,2017)等。多篇论文发表于核心期刊和《人民日报》《光明日报》等重要媒体,并多次被《新华文摘》《中国社会科学文摘》等核心学术期刊转载。

目 录

繁荣发展中国学术：学术出版人的责任与担当 ………… 001

2013　数字环境下的学术出版与营销 ………… 001

谢寿光　中国学术出版：现状、问题与机遇 ………… 003
郝振省　学术出版规范与中国学术出版 ………… 010
于殿利　编辑是永不消逝的职业 ………… 017

2014　全球视野下的中国学术出版与营销 ………… 023

邬书林　用严肃的、高质量的学术出版来支撑中国出版业繁荣发展 ………… 025
谢寿光　学术出版与中国国际话语权的构建 ………… 034
刘伯根　中国学术出版物的国际营销 ………… 041
阚宁辉　书业会展——学术出版的价值平台 ………… 049
魏玉山　群策群力，助推中国学术出版走出去 ………… 054

2015　大数据时代的学术出版与学术评价 ………… 061

马　援　关于大数据时代学术研究和科研组织 ………… 063
郝振省　学术期刊的创新与评价 ………… 066
谢寿光　学术评价：学术出版者的责任 ………… 070

李雪涛　从全球史研究看中国的学术出版 …………………………… 076
圆桌论坛　全民阅读时代的专业阅读 …………………………… 082

2016　学术出版与学术市场 …………………………… 093

谢寿光　迈向 2020：拥抱中国学术出版的美好时代 …………… 095
贺耀敏　学术出版的五大利好 …………………………………… 102
张小劲　从政治学角度观察中国学术出版市场 ………………… 106
武宝瑞　学术数字出版面对市场必须把握好的几个关系 ……… 111
圆桌论坛　"互联网+"与实体书店的未来 …………………… 116

2017　数字时代学术出版的整合发展：战略与路径 …………… 125

谢寿光　大数据将重新定义学术出版：融合与路径 …………… 127
汪朝光　数字时代出版战略之我见 ……………………………… 136
张　立　互联网时代，如何坚守学术尊严 ……………………… 139
圆桌论坛　学术图书的数字化营销 ……………………………… 143

2018　学术出版的未来趋势与能力建设 …………………………… 155

邬书林　抓住信息技术进步机遇，提升学术出版水平 ………… 157
谢寿光　中国学术图书质量分析与学术出版能力建设 ………… 167
贺耀敏　提升皮书出版质量，引领学术体系建设 ……………… 174
圆桌论坛　学术出版与知识服务 ………………………………… 182

2019　新时代的学术出版：学术诚信与出版者的责任 …………… 199

谢　宇　学术出版的内涵与规范 ………………………………… 201

| 谢寿光 | 学术伦理与学术出版者的责任 | 206 |
| 丁海珈 | 作为出版商如何推广学术诚信 | 211 |

2020 数字场景下的学术出版与营销 ········· 219

邬书林	学术出版要跟上信息技术进步的步伐	221
谢寿光	新时代的中国学术出版：回顾与前瞻	229
邱泽奇	重塑研究能力：数据、智能与学术创造	235
胡正荣	全媒体、学术出版与学科大脑	242
王晓光	面向数字人文的智慧数据建设	248

媒体观察 ········· 255

| 柳 杨 / 周 贺 | 从中国学术出版年会看中国学术出版的十年 | 257 |

繁荣发展中国学术：学术出版人的责任与担当

——写在《中国学术出版十年（2011~2020）》正式出版之际

摆在读者面前的这本集子，是受邀出席由中国社会科学院所属社会科学文献出版社牵头、联手中国出版研究院和百道网以2011年至2020年每年在北京春季图书订货会期间举办的中国学术出版年会行业领导和专家的演讲文稿的合集。作为年会的发起者和亲历见证者，我虽然于2020年11月3日正式卸任执掌了23年的社会科学文献出版社社长职务，但此后的年会应当会持续举办，只是我的角色已转换，可能会以学术出版研究者的身份被邀参会。为此，借论集出版之际，就年会举办的初衷、年会讨论的议题，尤其是透过年会折射出的中国学术出版这10年在专业化、数字化、国际化等方面的成长、进步和困扰，我认为很有必要做点简要的说明。

早在20世纪80年代末至90年代初，中国出版业顺应国家改革开放大局步入市场化改革进程后，中国出版协会在党和国家行业主管部门的指导下，每年年初在北京举办图书交易会，图书出版社和民营图书机构大多会联合或单独举办不同类型的经销商会议，主要功能是进行产品推介。毫不例外，社会科学文献出版社自1998年开启第二次创业后，每年也都举办自己的经销商大会，规模在100人左右。这项活动到2010年前后，随着北京春季图书订货会功能的变化，即由图书订货交易蜕变为促进行业细分领域上下游人际沟通、信息交流功能，各出版机构的经销商会议则到了如不做相应改变就难以办下去的境地！

社科文献出版社自1998年第二次创业以来，始终坚持做专业学术出版的定位，经过十余年的努力，把一个20多人的无名小社发展成为拥有200多名专业编辑、具有相当行业和社会影响力的人文社会科学专业学术出版机构。在此过程中，我们深切感受到中国的学术出版长期以来虽然成为行业高频词，但真正把学术出版作为主业的出版社为数甚少，甚至对学术出版本身也缺乏较为公认的定义，学术出版之于中国出版业、之于中国学术的繁荣发展，乃至对于整个中国特色社会主义现代化国家建设的作用和地位都被严重低估。有鉴于此，为提升行业和社会对学术出版的认知，社科文献出版社秉持做"国内一流、国际知名"人文社会科学学术出版的专业立场和推动中国学术繁荣发展的使命担当，并以刚刚完成转企后激发出的专业实力为基础，把2011年初举办的经销商大会改为学术出版年会，我在会上发表的主旨演讲"当下中国书业与学术出版"，给学术出版明确下了一个定义：学术出版者依据学科专业能力，发掘、整合学术成果，并依照学术共同体认同的原则、规范对学术成果文本进行编辑加工从而形成学术出版物，进而按特定商业模式进行发行传播的出版行为，并明确指出，学术出版在三大图书出版形态（大众、教育、专业）中属于专业出版的范畴，它服务于每一个时代的社会精英，承载了思想传播和文化传承的功能，满足人们对于原创性、前瞻性知识消费的需求，处于整个出版产业链的顶端位置。学术出版作为专业出版的基本业态，有着自身独特的专业要求、运行规则和发展逻辑，从事学术出版的机构主要有两类，一类是非营利性的大学出版社，另一类是商业性学术出版公司。在发达国家出版市场中，学术出版的占比在30%左右，而中国到2010年只占10%左右。尽管市场占比不高，但学术出版水平的高低是衡量整个出版行业水平的标志，甚至是衡量一个国家科学文化发展程度的重要指标。我在演讲结束时强调：学术出版是一门专业，它有很高的专业门槛，学术出版人要深怀对学术的敬畏之心，勇于担当学术出版专业之大任！

首次年会尽管筹办仓促、缺乏经验，但会后业界和社会反响强烈，会上交流的许多观点在业内引起热议，并得到行业主管部门的关注。2012年年会正式定名为中国学术出版年会，并得到时任中国出版研究院院长郝振省和百道网总裁程三国的认同和支持，他们所领导的两家行业智库正式加盟主办，年会主题为"数字环境下传统书业的生存与发展"，时任新闻出版广电总局图书出版司司长吴尚之及业界大咖何春华、周蔚华等出席并发表主题演讲。2013年年会开始邀请学者做主题演讲，年会影响力持续放大，会议自身也进入制度化运行轨道。

2011~2020年这十届学术出版年会，始终立足于建设中国特色社会主义现代化强国和以数字化为特征的新技术革命，聚焦学术出版专业领域的理论和实践问题而展开研讨和交流。从主题设置来看，主要是学术出版的专业化、数字化和国际化这三大方向。其中，专业化不仅讨论了学术出版的性质、地位、基本规则和运行机制，而且深入研讨了学术规范、学术伦理和学术评价等社会热点问题；数字化不仅探讨了学术内容的数字化，而且多次研讨学术产品营销的数字化，并涉及学术知识服务这一带有学术出版转型升级的根本性问题；国际化主要围绕学术出版在中国国际话语权构建中的作用展开讨论，我在第四届年会上的主题发言在会后形成一篇学术论文发表于《出版发行研究》2014年第5期，并获第六届"中华优秀出版物奖"优秀论文奖。年会所讨论和发表的不少观点和见解，得到业界和社会的广泛认同，诸如学术出版是一门专业，需要有专业门槛；学术出版人应做学术规范的建构者、学术诚信的维护者；学术出版者要注重能力建设，建立以"学术资源整合能力、学术产品加工能力、学术产品营销能力、数字学术出版能力、国际学术出版能力"为指标的评价体系；学术出版人才建设要形成"编而优则研、研而优则编"的"旋转门"机制；等等。这些观点和讨论，有的尽管已过去若干年，但站在今天的时间节点来看，它们一点也没有过时，这也是我力主编辑出版这本论集的初衷所在。

论集得以正式出版，首先要感谢十年来所有受邀参与年会并发表演讲的领导和专家，邬书林、吴尚之两位原新闻出版广电总局的副局长先后出席年会，尤其是我在业界最敬重的邬书林师长，他在担任中国出版协会常务副理事长后，曾先后三次莅临年会并发表每次都让人耳目一新的专业演讲，为年会也为这本论集增添了厚重的分量；感谢中国新闻出版研究院和百道网与社科文献出版社从2012年起共同主办了9次年会；感谢我的同事蔡继辉副总编辑和市场营销中心负责年会事务的同事们，正是他们的专业和用心确保了每届年会的圆满成功；感谢王利民社长、杨群总编辑以及社科文献出版社领导班子成员的理解和支持，使这本几乎没有什么商业价值的论集得以公开出版。本论集由柳杨领衔的学术传播中心营销编辑团队负责整理和编辑，最后一并致谢。

本论集的编辑出版因要回溯 10 年的历程，难免有这样那样的疏漏和缺陷，敬请读者批评指正。愿这本论集在正在开启的建设中国特色社会主义现代化国家新征程中，助推中国学术出版人实现应有的使命和担当。

中国出版协会副理事长
中国社会学会秘书长
社会科学文献出版社原社长
2021 年 3 月 3 日

中国学术出版十年（2011~2020）

2013

数字环境下的学术出版与营销

中国学术出版十年（2011~2020）

谢寿光*

中国学术出版：现状、问题与机遇

学术出版是人类出版活动的基本组成部分，它服务于每一个时代的社会精英。它承载了思想传播和传承的功能，处于整个出版产业链的顶端。一个国家的学术出版水平的高低，很大程度上决定了一个国家和地区出版业的发展水平，这也是党的十七届六中全会提出的繁荣哲学社会科学研究、实现文化强国目标的最重要组成部分之一。

---

* 谢寿光，中国出版协会副理事长，中国社会学会秘书长，时任社会科学文献出版社社长。

实际上，过去中国的学术出版并不落后，在五千年的文明传承过程中，在人类的文明史上，中华民族的文化从未中断过，中国古代的出版一直在创造着人类历史的辉煌。直到近代，尽管当时整个国家面临着内忧外患，但出版业仍保持着与世界先进水平同步。直到20世纪二三十年代，商务印书馆和中华书局仍然代表着亚洲最高的学术出版水平，和世界的学术出版水平是同步的。

今天，中国已经成为世界第二大经济体，就出版图书的数量和品种而言，中国已经成为头号的出版大国，但如果按照人均消费和学术话语的国际传播力等几个关键指标来衡量，我们与发达国家相比还相去甚远。当前我们正面临着一个很大的出版机遇，作为当代的出版人，有条件、有责任也应该有能力正视当下中国人文社会科学学术出版中存在的种种乱象，再创学术出版新辉煌，这是这个时代赋予今天所有关心和从事学术出版者的使命。

一 中国学术出版的现状

1. 规模巨大。现在中国有正式出版权的机构有578家。2012年全国出版图书总量接近40万种，其中90%以上的出版机构都涉及学术出版，年出版学术图书的种类用宽口径统计有4万种，约占新书总品种数的1/4，而其中人文社会科学图书有2.2万种左右，自然科学和科学技术类图书有1.9万种左右。

2. 学术出版工程放量剧增。往年出版界做各种年度总结的时候，往往只提《中国大百科全书》《中国美术全集》《汉语大词典》这一类的图书。但是，最近几年随着国家投入的明显增加，大型学术出版工程不断涌现,不时有巨著问世,背后的原因和背景就是国家的投入。在人文社会科学领域三大基金中,国家社会科学基金2012年的研究经费已经是12亿元,"十二五"末将会达到20亿元;国家出版基金2012年是3亿元,"十二五"时可能要达到10亿元;教育部社科司的人文社会科学研究项目经费已经达到3亿元;中国社会科学院的哲学社会科学创新工程出版资助2012年是4500万元,2013年将不少于6000万元。这些研究经费里有一些是直接用于出版的,国家社科基金里有15%~20%左右会转化为出版活动,要么用于购买图书、资料,要么直接资助出版。国家自然科学基金数量更多。所以,现在很多研究者已经不愁找不到课题费了。正是在这样的情况下,我们今天才有了放量剧增的大型出版工程。

3. 学术译著出版长盛不衰。我们这些出版人都知道,前些年每出一本翻译类学术图书还得掂量市场销量,有一段时间中国出版业中大量翻译的是小说、少儿书、日本的卡通漫画,而最近几年出现了越来越多像商务印书馆这样长期坚持翻译学术图书的出版机构。到今天,外文图书无论是面向大众还是小众学术的,只要是好书,都会在非常短的时间内可以同步看到中译本。

4. 学术互动、出版合作日趋密切。近年来,两岸四地以及全球华人学者的互动和出版合作已经非常密切了,中国学术在世界学术话语体系中有了一定的地位。

但中国学术出版也存在一些问题。

1. 投入产出严重不成比例。据有关统计,近年来中国在研发方面的投入达7000多亿元,位居全球第二,其与中国现在的经济总量相当。但成果的产出率排在全球第十名左右。比如说中国的专利总量世界第一，但中国人申请的专利仅占40多万件专利总量的1/4，其他都是外国人申请的，而专利成果的转化率就更低了。国内的学术图书能被国外大学图书馆收藏的不到年出版总量的1/4，我刚才说的4万种学术图书，充其量只有1万种能被国外大学的图书馆收藏。美国国立图书馆一年收藏中文图书含华语地区繁体字版大约有5500种，这些年这个数字都没有变，能被译成世界主要语种进入国际学术交流体系的图书更是不过千种。

2. 数量与质量发展严重不平衡。大陆地区学术出版的数量和质量严重不成比例，数量巨大但质量偏低。人文社会科学图书大量存在泛化、低水平重复甚至抄袭和剽窃现象。这些当然和生产者有关，但是学术出版人是最后的看门人，要承担责任。

3. 专业化水平很低。今天，在中国从事出版行业的人数和出版图书的种类数都已经是第一了，但中文学术出版机构的专业化程度还不如二十世纪三四十年代，有相当多的学术出版单位出版学术图书没有门槛，没有学术操守，这种现象比比皆是。而且，在人文社会科学的专业出版领域，能够实行专业编辑制度的出版机构为数甚少，能实行专家匿名审稿制度的更是凤毛麟角。我现在知道的就是三联书店的"三联·哈佛燕京学术丛书"是严格实行匿名专家审稿制度。现在不要说专家匿名审稿，有多少出版机构能够严格做到专业编辑审稿？能够做到编辑不跨界编稿呢？在社会转型期，大家都浮躁，什么人都可以做学术书，进而变成了对学术没有敬畏之心，没有专业操守。去年我们在制定学术出版规范的时候就担心一个问题，对文献实行量化分析后，很可能出现大量的文献造假。我们一旦强调学术出版规范，把所有的书都安上主题词、安上参考文献、安上索引，而内容根本就不是学术书，那就是假学术和伪学术，我们要警惕这种情况出现。

4. 学术出版规范严重缺失。这里包括参考文献，包括文献出处，包括所有关于实证研究中问卷调查的数据和方法引用的规律都有问题，这一类图书中有的连基本描述都没有。这些且不说，仅其中的一项指标，武汉大学去年做了一项研究，有索引的学术图书不到图书出版总量的3%。

5. 学术评价紊乱。人文社会科学领域存在学术评价体系混乱、畸形，重量化指标，缺乏规范有序的同行评价。而出版业至今没有公认的学术出版评价体系，致使学术出版物鱼龙混杂、良莠不齐，低水平重复的图书大量充斥着卖场和图书馆的书架。中国每年出版40万种新书，任何一个卖场都摆不下这么多书。最后的结果到底是哪些书可以上图书馆的书架，目前也没有一个可供衡量的标准。

二 当下中国的出版存在问题，但机遇更大

当下，国家和社会以及企业对创新性知识的巨大需求促使中国学术出版进入新一轮的繁荣期。不管你是通过学术图书、学术期刊，还是网络，这类需求都必须要给予满足。

国家宏观学术环境趋暖，学术投入大增，研究手段的数字化极大地提高了学术生产能力。党的十八大以及最近出现的一些情况，标志着整个社会和政府之间的对话互动已经开始。所以，市场经济发展到今天，人们对这一类知识的需求及对学术的判断能力会促进学术出版环境的进一步改善。技术往往是推动社会进步最根本的力

量,过去在人文领域中,研究一个题目可能是十年磨一剑——当然十年磨一剑与阅读的落后有很大的关系,需要整天在图书馆里抄卡片、查资料,但是在今天有巨大的数据库做支撑,你研究所花的时间已经从数年缩短为数天、数小时。这样,学术生产的能力必然增强。

学术出版作为专业出版的主体部分已经成为中国出版业的一种自觉。体制内的出版机构与民营出版机构的融合使学术出版的微观主体激发出新的活力。去年刘苏里先生说,民营学术出版因多种环境在退却,我觉得还不是这样,现在已经开始融合和整合到一个体系了。那么,在这种情况下,微观机构也会有所作为,像今年我们和人民、商务、三联、中华书局发出关于加强学术出版规范的倡议,50多家出版机构响应,现已渐成气候。国家新闻出版行业开始推进学术出版规范体系的建设,我们现在正在参与制定中国学术出版标准。可以说,政府的出版主管部门抓住了解决当下学术出版乱象的一个命门。

三 关于学术出版的四条建议

第一,要在全社会倡导一种弘扬人文理性、尊重社会科学的专业精神。学术是有边界的,每个出版人要对学术怀有一种敬畏之心,要提倡一种专业精神。

第二,努力构建并且实施适合人文社会科学生产和传播规律的学术评价体系和学术出版规范。这两项工作在学术界及业内已经逐渐形成共识,我们要着力向前推进。

第三,深入研究人类知识的生产和传播、传承的规律,构建科学、合理的知识分类标准和知识分类体系。出版业中，最大的问题是知识分类的标准比较混乱，或者我们本身就没有标准。我们由于长期没有自己的业内分类标准，完全照搬苏联模式的图书馆分类标准，引起巨大的混乱。所以，我们一定要形成共识，一定要构建自己的知识分类体系。

第四，最后一点也是我今天最想说的一句话，也是我通篇讲到的，就是专业精神，着力提升人文社会科学学术出版的专业门槛。我们要培养和吸纳大批具有人文社会科学深厚学术造诣同时又懂得学术出版的复合型人才。为什么二十世纪二三十年代中国的学术出版能达到与世界同步、亚洲第一，那就是因为有一大批大学问家在经营着商务印书馆和中华书局。

最后我想重复去年我在年会上说过的结语：深怀对学术的敬畏之心，恪守对学术出版的专业精神，努力担当发展中国学术、承担人类文明传承的大任。我以这句话和今天在座的各位和当下中国的所有学术出版人共勉。谢谢大家！

学术出版规范与中国学术出版

郝振省[*]

学术出版是文化出版中最核心、最高端的部分，它承载着传播先进思想文化和发布科研创新成果的任务。学术出版的实力和水准，是一个国家经济与文化发展水平的重要标志，集中反映了一个国家的文化软实力和文化影响力。改革开放以来，随着我国经济社会的飞速发展，我国的学术出版事业也在稳步前进，当前，我国学术出版物品种众多，

---

[*] 郝振省，中国编辑学会会长，时任中国新闻出版研究院副院长。

涉及领域广泛，时有精品问世，呈现相当繁荣的景象，可以说，我国已经是学术出版大国。

但同时，我们大家也都清楚地看到，虽然就出版规模而言我们已经是学术出版大国，但还远远没有成为学术出版强国，因为我国的学术出版还存在不少问题，这些问题集中表现在内容和规范两个方面。就内容而言，学术出版的整体质量不高，鱼龙混杂、泥沙俱下。一些学术类出版物印制精美、规模庞大，却没有多少创新观点，学术含量很低，个别所谓学术书东拼西凑、粗制滥造，选题雷同、重复出版的现象比较突出，乃至有学术抄袭和学术造假的行为。凡此种种，不仅造成出版资源浪费，也损害了学术出版的声誉和形象。就规范而言，目前我国学术出版的技术规范还不尽完善，没有与国际标准全面接轨，学术出版机构对规范的执行意识不强、力度不够，对引文、注释、参考文献、索引等要件的处理态度随意、缺乏制约，严重影响了学术出版物的严谨性和权威性。这既给读者带来不便，也影响到国际上对我国学术成果的认可。

当前学术出版存在这些问题，原因是多方面的。从源头上讲，社会风气浮躁，急功近利的思想对学术研究和学术活动产生了诸多不利影响，很多专家学者学风不扎实，不是踏踏实实做学问、搞研究，而是忙于做表面文章，将学术研究变成了名利博弈，将学术论著变成了职称晋升、待遇提高的筹码。现行的学术考评机制过于重视数量，对学术质量重视不够，也从客观上助长了这种不良风气。而作为学术成果发布的重要环节，学术出版对学术著作理应起到遴选和把关作用，但现实情况是，一些出版机构选题评审制度不严，内部审编人员水平不足、学术背景缺乏，学术出版规范意识不强、把关不力，导致学术出版门槛过低，专业性和规范性严重缺失，让许多平庸之作得以出版，使学术出版这一出版机构重要的文化建设功能严重扭曲、受损。正是为了解决上述问题，新闻出版总署领导和有关部门经过认真调研，提出了加强学术著作出版规范的要求，并于2012年9月发出了《关于进一步加强学术著作出版规范的通知》以下简称《通知》，严格界定了学术著作的范围和学术著作出版的功能，明确要求出版单位强化学术著作选题论证，保证学术著作内容质量，完善并执行有关引文、注释、参考文献、索引等要件的技术规范，切实保障内容、编校、装帧设计、印制方面的质量。《通知》高瞻远瞩，切中要害，反映了出版界、学术界的一些基本共识，也体现了出版单位的内在需求。人民出版社、社会科学文献出版社、商务印书馆等50余家出版单位共同发出的《加强学术著作出版规范的倡议书》，既是对新闻出版总署通知的积极回应，也是出版单位落实新闻出版总署通知精神的切实步骤。

在当前背景下，加强学术著作出版规范，具有多方面的意义。

一是彰显学术研究价值。从本质上说，学术出版是学术研究的物化形式，是学术成果的展示传播平台。这个形式是否恰当，这个平台是否牢固，将在很大程度上反映出学术研究的价值。如果学术出版门槛很高，出版规范完善，执行到位，将保证优秀的学术研究成果得到优先传播，使学术研究的价值得到充分彰显。反之，如果出版门槛太低，势必使平庸之作充斥，严重损害学术尊严，而出版规范混乱，形式粗糙，即便是较好的学术成果的价值也将被严重消减。我们可以设想，一本富有创新观点的学术论著如果没有参考书目和索引，它的学术价值必定要大打折扣，甚至其作为严肃学术作品的身份也会受到质疑。

二是倒逼学术水准提升。学术出版和学术研究，是一种互动的关系。学术出版是学术创造过程的最后一个环节，但学术出版的标准和要求，又在很大程度上规范和引导着整个学术创造过程。绝大多数学术成果最终是要以出版物的形式呈现，出版环节的遴选尺度、规范要求，对研究、创作环节起着明显的倒逼作用。当前学术研究水准不高，很多研究者态度不端正，除了风气、考评体制等原因，某种程度上也是由于学术出版的门槛太低，让他们感受不到应有的压力。学术出版规范的完善和加强，可以从一个重要侧面倒逼学术研究者端正自己的研究态度，提升自己的研究水准。因为在一个健康的学术出版环境下，研究者将不得不面对一个严肃的事实，那些平庸低劣、粗制滥造的所谓学术著作，将再也找不到发表的平台。

三是净化研究和出版风气。我们大家都对目前学术界、出版界的浮躁之气深感忧虑，这个问题不解决，中国的学术出版就很难有真正的繁荣。加强学术出版的规范，从内容和形式两个方面提升学术出版水准，从引文、注释、索引这些细节入手，切实提高学术出版物质量，是净化研究和出版风气的有效路径。当学者们按照出版规范的要求，认真研究问题，致力探索创新，耐心细致地编制索引，认真客观地处理引文、罗列参考书目时，其急功近利之心会得到有效的遏制。这样的研究者多起来，整个学术界的风气就会发生可喜的改观。当出版机构坚持学术原则，严格按照规范要求遴选书稿、处理书稿时，其自身应有的清正、高尚的文化追求就落在了实处。

四是促进学术成果的交流与传播。目前我国学术出版作品在国际上的引用率和影响力还比较低,其中虽然有语言障碍的问题,但与我国学术出版内容创新性不足、规范性不强有很大关系。

加强学术出版规范,制定严格的学术出版评审制度,制定与国际出版规范兼容的国家和行业标准,是我国学术作品"走出去"、与国际学术界加深交流、获得国际学术界认同的必由之路。加强学术著作出版规范意义重大,势在必行。但由于历史和现实的种种可以想见的原因,学术著作出版规范化也是长期的任务,我们对此应该有清醒的认识。作为出版单位,要加强学术规范,攀登出版高峰,我认为主要应处理好以下几种关系:

一是处理好经济效益与社会效益的关系。目前出版业处于激烈竞争的市场环境中,经营压力很大,容易存在重经济效益、轻社会效益的倾向,有时为了追求出书数量和出书速度,放松了对质量和规范的要求。但事实上,社会效益与经济效益是一种正相关关系,真正把社会效益放在首位,经济效益也有可靠的保证。真正在学术出版方面做出成就,做出品牌,经济上一定会有可观的回报。国内外许多知名出版社为我们提供了成功的范例。

二是处理好短期利益与长远利益的关系。有些出版人过于急躁,只想"短平快",马上见效益,没有"十年磨一剑"的耐心。但学术著作的出版有其固有的规律,常常是急不得的。不论选题的筛选和评判、书稿的编校加工,还是学术编辑素质的提升,都需要时间。而打造一个有文化底蕴、有良好口碑的学术出版社,更需要长期的积淀。所以,出版人既要考虑短期目标,更要有长远打算,要付出艰苦的努力,培养优秀编辑,参与学术创造,塑造文化品牌。

三是被动服务与主动参与的关系。现在，学术研究的总体气氛欠佳，学术出版染上了过多的功利色彩，很多科研项目"不差钱"，"只差学术"。在这种背景下，出版社不能被动服务、来者不拒，不能丧失自己的主体性，而要主动参与学术研究进程，把关口前移，及时发现优秀的学术人才，及时跟踪一流的研究项目和课题。只有这样，才能让自己占领学术出版的高地，也才能充分发挥出版人、出版机构的独特作用，促进学术事业的繁荣兴旺。

四是处理好作者和出版者的关系。好的学术著作，是作者和出版者共同创造的产品，处理好两者之间的关系至关重要。出版学术著作要跟学者衔接，这就要求编辑在学术见解和学术视野上有一定的层次，要了解学术史，了解学术研究动态。只有这样，编辑才能保证与学者有共同语言，才能顺畅地同专家交流和沟通，真正发现书稿的价值点和创新点。在具体出版过程中，出版者既要尊重作者的原创劳动，又要自觉担当出版人的学术责任，坚持出版规范的要求，不能无原则地迁就对方。特别是对一些名家、大家，如果其著作不符合学术出版规范，也要坚持原则，严格要求。当然也要注意沟通的方式和方法，尽力帮助对方解决问题。对作者提出的具体意见，要认真分析，科学对待。不能简单应付，生硬拒绝。我们的最终目的，是让出版物达到学术规范的要求，成为合格乃至优秀的学术产品。

总之，加强学术出版规范，是提升出版物质量、引领社会学术风气的一项基础性工作，学术界、出版界同仁要从提高民族创造力、提升国家文化软实力、建设社会主义文化强国的战略高度，充分认识加强学术出版规范的重要意义，认真贯彻落实总署通知精神，正确处理各种复杂关系，采取切实可行措施，多出学术精品，争创出版佳绩，为繁荣我国的学术出版事业、促进我国的学术文化进步做出应有的贡献。

中国学术出版十年（2011~2020）

于殿利[*]

编辑是永不消逝的职业

在信息经济时代，在信息爆炸时代，如果没有编辑这一职业，对人类将是一大灾难。大家都知道，知识越多、信息越多，有时对人造成的混乱也越多，尤其是当这些知识和信息真假难辨的时候，人类将无所适从、寸步难行。编辑的价值就体现在这一最基本的方面。所以，我们说编辑在面临海量信息的时候，首先"选择"这一关就是非常重要的，

---

[*] 于殿利，全国政协委员，中国出版传媒股份有限公司董事、副总经理，时任商务印书馆总经理。

要保证我们所有选择的内容的最核心价值,即它的思想性。如果离开了思想性,所有的内容都是苍白的,所有的内容也就都不能够传播久远。编辑的第一个价值体现在对内容的选择、对思想性的把控方面。

编辑的第二个价值体现在对所有信息和知识真假的厘定、辨别方面,要保证我们传播的知识最基本的准确性。大家知道,尤其在互联网时代,知识爆炸现象非常严重,但另外一个现象也是大家非常清楚的,互联网的知识多半仅仅可供查阅参考,不能被放心地使用。当你一旦使用的时候,还要去校对传统的纸质图书。因为互联网的信息较少经过编辑的加工和把关,而纸质图书是经过一代一代编辑们严格把关的,知识的准确性相对较高,所以相比之下具有更高的权威性。我们在选择知识的时候,尤其是把它变成产品的时候,科学性和系统性又被提到更高的标准上来。如果我们所有的图书缺乏系统性和科学性,那么出版的所有作品也将会泛滥成灾,这对人类整体的知识以及知识的系统来说,同样也是一个灾难。

传统上我们对编辑的定义是为"他人作嫁衣"。这句话在当今时代已经不够用了,编辑不仅仅是为他人作嫁衣,也是图书的内容和产品价值的共同创造者——主要的创造者肯定是作者,共同或辅助创造者是编辑。编辑可以非常自豪地享受这样一个称号。以往编辑的价值甚至出版社的价值、创造性不被认可,甚至在法律上都不被认可,所以现在的著作权只有作者方的著作权,出版社把它加工成产品之后的权利在我们的法律上都没有得到认可。在全媒体时代、数字化时代,这个问题的严重性将更加凸显。

以我们今天学术出版为例，编辑同样大有作为。一个好编辑对我们所说的"来料"、从作者的角度来说叫作"原稿"，对原稿价值的提升是不可或缺的。最近，百道网有意识做了有关编辑价值方面的专题，其中有一个叫作"正在消失的艺术"，说的就是编辑。如果真的是正在消失的话，我感到非常的担忧。"当所有的这些名作家在聚光灯下享受所有荣誉的时候，不要忘了编辑的价值。如果没有编辑的价值，所有这些作者所享有的荣誉将不复存在。"这是国外一位著名编辑所说的，我非常赞同。所以，我们作为编辑来说，最高的追求是让作者离不开我们，再高明的作者我们都具有把他的作品提升价值的空间，这样我们作为价值的共同创造者和作者是相辅相成的，如果仅仅是简单的加工或改正错别字的话，我们的价值将大大降低，但要注意不能过度加工。我们要成为价值的共同创造者，就要有较高的专业水准，而不是像前几年还有一份著名的学术杂志刊登的文章，不明就里地说价值创新点在什么方面，发表以后没有多长时间就被一位作者举报了，说这是人家多少年前在一次论坛上发表的演讲内容。这是中国著名的顶级刊物，这样的编辑专业水准是令人担忧的，担当不起我说的共同价值创造者的称号。

新时代呼唤新编辑，大时代呼唤大编辑。

首先，什么是大时代？我个人理解，就中国的国情来说，中国成为世界第二大经济体以后，已经进入了文化发展的时代。文化发展在党的十八大报告中提出来，要把文化产业发展成国民经济的支柱型产业，这是从产业角度来说；从市场需求来说，对文化产品的消费将上升为国民的主要消费方式。这就是我们所迎来的一个大时代,这个大时代是中国近百年现代化的结果。在十年、二十年前都不能这样说,因为中国还没有进入到这样的时代,还主要是以解决满足人民生存的物质需求为主的发展阶段。那么,对于我们出版人来说是责任、是机遇,这是大时代的第一点。

第二,大时代是全球迎来了数字化时代,不仅在出版业,在所有行业都迎来了大时代,迎来了数字化的时代。对于出版业来说,我们一定要坚定这样一个意识,所有科学技术的到来都是为解放、释放和创造新的生产力服务的,所以出版业没有必要为数字化时代感到恐惧,要恐惧的是我们观念落后、不能及时跟进和利用这些科学技术。如果我们的观念不能够更新、不能利用这些科学技术,中国的出版业还会照常发展,只不过利用这些科学技术的是来自其他领域的"业外"人士,他们成为新时代的出版人,而我们传统的出版人在这样的格局下将被淘汰。所以,面临这样的大时代时,我们的编辑应该如何作为?

第三,大时代是大媒体的时代。大媒体包括两个方面。一是传统的新闻、出版、广播和电视媒体,他们之间的融合早已成为一种趋势。因为中国现在的新闻出版、广播电视是属于条块管理的,还不那么明显,在国外这个问题就不是问题了,所有媒体融为一体的趋势早就呈现了。二是传统的四大媒体和新媒体的融合也已经成为趋势。新媒体从一开始不被人关注到现在包括我们网上发布的信息真假难辨,现在在国外官方新闻发布重点都选择新媒体了,因为新媒体和传统媒体相比,它的劣势虽然依然存在,但是它的优点同样突出。在这里不给大家展开了。所以,媒体迎来大媒体时代就是传统媒体之间的融合、传统媒体与新媒体之间的融合这两大趋势。

第四，大时代迎来大出版。所谓的大出版，就是以图书内容为核心，面向所有的媒介形式来策划和生产我们的产品。以传统图书内容为核心，按读者喜闻乐见的形式生产出所有的产品。我们的优势就在于我们牢牢握住了内容，图书出版的内容是一切全媒体时代内容和产品的出发点，这就是我们的优势。所以，在大时代、大媒体面前我们一定要有大出版的眼界。

最后，要做大编辑。所谓大编辑就是立足大出版、面向大媒体、放眼大时代的编辑。我们所有的编辑都知道，老一代的出版家都给我们讲，出版的最高境界就是出版传世之作，什么样的东西能传世，我理解能够迎合大时代、反映大思想的大作品更具有传世的价值。所以，我们的编辑要在这样一个时代里，首先在内容的思想性上，成为把握住时代性的大编辑；然后在所有的产品形式方面，要能做到以内容为核心，策划一切读者所喜欢形式的产品。只有在这样一个新的大时代的情况下，我们才有可能有这么高的眼界，能涌现这样的大编辑。

仅以学术出版为例，我们的学术出版提出的标准就是服务学术。第一个是最基本的层面——服务学术；第二个层面是引领学术；第三个是最高层面——激动潮流。其中，服务学术是基础，引领学术就是所有的学术思想最终要以出版物的形态表现出来。我们不能仅仅被动地接受学术界的研究成果，面对社会的思潮和社会的需求，我们一定要提出可引领方向的学术性研究，来引领学术界共同投入这样一个领域的研究，这样我们的价值才能得到彰显。激荡潮流就是超越出版行业做学术出版，进入社会的层面，让我们的思想成为推动社会进步的有力武器，让思想成为推动社会进步的有力工具。

大时代呼唤大编辑，愿我们的出版业涌现出更多不负时代的大编辑！

中国学术出版十年（2011~2020）

2014

全球视野下的
中国学术出版与营销

中国学术出版十年（2011~2020）

邬书林[*]

用严肃的、高质量的学术出版来支撑中国出版业繁荣发展

不久前，社科文献出版社等单位共同倡议规范我国学术出版。做好学术出版，这件意义重大的事情。我希望今天会议之后，中国的出版界、中国的学术界能严肃地对待这个问题，认真思考我们怎么用严肃的、高质量的学术出版来支撑中国出版业的繁荣发展，进而推动中国经济、科技、文化更健康地发展。围绕这个话题，我讲三点看法。

---

[*] 邬书林，中国出版协会理事长，时任国家新闻出版广电总局副局长。此文根据录音整理。

第一，学术出版水平的高低决定着一个国家出版业的水平。因为学术出版在整个出版业当中最能体现出版的功能，最能体现出版的社会价值，学术出版水平还决定大众出版与教育出版的水平。从古到今，凡是能留存下来的重要知识、信息和各种各样的心灵感受都是以高水平的学术出版为根基的。如果一个国家的学术出版上不去，那么这个国家的出版业则始终处于初级阶段。

大家知道，健全的现代出版业大体上有三个组成部分：

一是大众出版主要是弘扬真善美，鞭笞假恶丑，为读者提供精神享受，把人与人的心灵沟通，国内国外人与古代人、往代人的心灵沟通做好。大众出版三分天下有其一，有很重要的地位和作用。

二是教育出版，主要是把人类积存的知识通过出版这个工具有效地、便捷地向对学生、读者受众传达，使一个国家的公民在掌握知识和文化的基础上建设自己的国家，推动社会进步。我们国家教育出版大概占到46%左右。

三是专业出版，主要是STM（Science, Technology, Medicine）哲学和社会科学学术部分，这一部分从份额上讲大概占到28%，是学术出版是把人类最重要的、有创建的知识，特别是创新的知识通过学术出版加工、整理、传播，用知识的力量更好地引领社会进步。这部分份额虽然不大，根据国际经验在出版业当中占28%左右。但是从古到今，学术出版一直起着用很小的社会投入来引领社会进步这么一个基础性的重要作用。世界上为什么诺贝尔奖获得者、科学家地位很高，在于他们的思想创新、他们的科学发现、他们对人类技术发明的重要贡献，通过学术出版广泛传播，推动人类生产生活方式的变化，使人类不断地改造社会，推动社会的进步。

所以，从古到今学术出版都是以一个很小的社会投入推动社会进步的强大的杠杆。

马克思在他的重要著作《〈政治经济学批判〉导言》中对等几大发明有过这样的评价，他说火药把骑士制度砸得粉碎，指南针开辟了世界市场，而印刷术，也就是我们出版最重要的工具之一，是推动人类思想创造的前提和推动社会进步强大的杠杆。学术出版之后通过印刷这个工具，使知识突破时空，更有效地传播，社会才能很好地向前推进。从这个意义上讲，学术出版体现出版最基本的功能就是，要宣传真理、凝聚民心、形成统一意志，使一个国家乃至世界能更好地生产生活，传播知识，通过学术出版来推动社会进步。学术出版水平高了，其他水平才有根基，才会有更大意义上的提升。所以，学术出版在整个出版界当中起着基础性、决定性的作用。

学术出版主要解决什么问题呢？主要有以下四个方面着力：

一是反映思想创新的成果。人类掌握知识当然重要，但要进步就必须有新的知识。所以世界比较大的几家公司，主要靠出版学术期刊、学术著作传播当代思想创新，包括自然科学和社会科学，赢得地位。

二是科学发现。学术出版最重要、最基础的，就是把科学家们认识自然、认识社会新发现的知识，通过学术出版公布出去。这是学术出版形成传统以来最主要的工作之一。

三是技术进展。要把工业、农业、社会方方面面的技术进步整理加工，通过一定的学术规范使世界同行们能够快速接受。

四是管理经验。把人类的知识和技能，特别是管理学方面的知识、信息有效地加工传播出去。

我们要把学术出版作为基础性的工作抓好，必须紧紧围绕学术出版这四个方面，从创新角度把新知识、新发现、新经验出版好，引导科学研究、经济、社会生活。这是学术出版的主要功能。

第二，当前加强中国的学术出版应当讲恰逢其时，条件良好，前途光明。在三大类型出版物中我们大众出版和世界差距不大，教育出版从来是以一个国家的教育政策和特定的民族地域为服务对象，本身就是由国家意志决定的，唯一好比的是国际化的学术出版。目前我国学术出版的世界份额和发达国家相比还有比较大的差距。

以学术期刊为例，根据联合国教科文组织学术出版物统计，按照北美学术期刊指南6.8万多种，严格意义上讲6700种左右社会科学核心期刊和6万种左右的自然科学期刊里面中国所占的份额很小，我们高水平的论文95%以上是投到国外。在世界顶尖级的学术期刊当中，我们能进入第一方阵的仅有十多种。我们现在最重要的学术机构办的学术期刊像一些学报、研究院所办的期刊在世界上也就排二三流，所以任重道远。

当前中国的学术出版遇到了空前的机遇，因为随着建国六十多年的积累，特别是改革开放三十多年的发展，我们国家的实力特别是科技科研投入在快速地增长，已经具备了好好做学术出版的最重要的经济基础。如果科研不上去，经济不发展，这个时候强调要有高水平的学术著作、高水平的学术论文和高水平的学术期刊，那是假大空，因为科研不领先，非要出版领先，这是做不到的。

反过来讲，当我们国家经济持续快速增长，国际地位上升，以2011~2012年为例，研发投入已经超过1.1万亿元和1.3万亿元的情况下，产生的大量成果中国出版界自己不去加工、不去整理、不去发布，把最重要的信息资源输送到国外去发表，那是国内出版业的失职。而重要的学术发现、科技进展往往为了争取周期，提前发表的话，有很严格的评审程序，这个话语权一旦被人家掌握，发不发决定权就在人家那儿。

文章多了、水平高了，这个民族、这个国家的话语权也就高了，所以话语权是双重的。发不发布在于自己，发出来的话语权影响有多大，这些都决定了这个民族国家的地位。所以，当我们成了世界上第二大经济体，如果大量科研投入产生的科研论文自己不能发表，要在国外发表，科研教育又需要信息资源支撑，每年还要花数十亿元资金再把它买回来，这在政治上短视，文化上失语，经济上不合理。从这个意义上讲，中国的出版业加强学术出版，以更大的热忱来推动学术出版是我们这代人的职责。如果今天还看不到这个事情，今天还不讲这个事情，我们这些人说轻一点是短视，说重一点是对民族、国家的不负责任。

当我们的科研没有成果的时候，你非要做学术出版先上去，这做不到。现在我们大量的领先于世界的先进技术，需要别人给我们整理，需要人家帮我们赢得话语权，需要人家来认可，这种状况时间长了显然是不行的。举几个例子。

目前中国的高铁集成的技术世界第一，我们没有出版以高铁技术为内容的期刊集群，也没有重要的学术著作准确地反映这个历程。

又比如桥梁。从20世纪50年代武汉长江大桥、60年代南京长江大桥之后，现在上海到重庆这一线共有47座世界最高水准的桥梁，我们也没有形成在桥梁学领域的一大批期刊集群。光桥梁路面材质、铆焊技术、铆钉、桥梁结构技术，许多技术在世界上领先，比如南通长江大桥，因为在冲积平原的下游建一座跨度特别大的桥梁是世界性的难题。为什么武汉长江大桥建在龟山和蛇山之间呢？因为两座山能保证桥梁的稳定性、固定性。南通大桥，中国工程技术人员受和尚打伞的启发，把最重要的承重力一直打到地壳的位置，像伞一样通过自身的因应力使得桥梁很好地承重。这类例子很多。

伴随着中国以科教兴国为基础的经济发展战略，特别是十八届三中全会之后，国家更注重通过改革的系统性、整体性、协调性来推动整个国家经济社会的快速发展，科研投入、教育投入、经济发展都呈现向上态势的时候，我们如何以知识的力量支撑我们现代化建设，支撑我们中华民族复兴的伟大"中国梦"，出版界的责任重大而又光荣。不认识到这些工作，我们在世界上是走不到前列去的。一个国家的伟大复兴，除了经济发展必须要有强大的精神力量和科技创新。从社会科学角度看自然科学。

改革开放以来，中央一直强调要坚定不移地走中国特色的社会主义道路。如果我们学术著作把它从理论上讲清楚，使中国人能凝聚共同的精神力量，使国外学术界能理解、能认同、能认可，这所产生的强大力量，绝不是出几本书、几本刊所能解决的。反过来讲，要想把这项工作做好，学术出版不上去是不成的。仅仅靠加大宣传力度，广播覆盖率上去、电视覆盖率上去，报纸多印一点是不够的。学术出版基础性作用是把它的理论先进性讲清楚，把这道路准确地讲明白，把这个模式以大家听得懂的方式介绍出去，这留给我们极大的想象空间及极艰巨的工作要做。

过去改革开放35年当中，我们的经济增速近两年下降到7.5%左右，但过去的三十多年一直是以9.5%的高速度快速增长，从世界上进不了前十名的经济体跃升为世界第二,这种情况下,我们有几本学术著作能把这条道路、这个模式、这个理论讲清楚?从这个意义上讲,我们学术出版使命光荣、责任重大、任重道远。

第三,要更认真地按照科学出版规律规划学术出版。要把学术出版的质量问题作为中心去谋划,形成学术出版的出版体系,形成学术出版的规范,形成学术出版的文化氛围,用高质量的学术出版物,使我们出版强国建立在学术出版的根基之上。一个国家出版业要真正成为强国,关键在于学术出版,学术出版不上去,不管这个规模有多大,一遇到风浪,一遇到经济震荡很快就下去。我们邻国日本20世纪60年代经济腾飞之后,出版业虽然一片繁荣,但它是建立在以娱乐业为主的周刊和大众出版物基础之上的,所以到了90年代之后,日本经济一旦停滞,经过滞胀阶段之后,出版界的退货率迅速飙升到44%左右,长期徘徊,今年已经第13年了。中国出版业现在库存增加,同质化的现象增多,关键在于学术研究的分量太低,支撑不了学术出版业的发展。我们要客观地看待中国出版业的状况,把学术出版作为核心问题好好地规划。

这几年原新闻出版总署和现在的新闻出版广电总局就加强学术出版质量做了几项工作:

第一是大力倡导。十年前我们提倡要以创新性的出版内容来推动出版业的发展,搞了"三个一百",在少儿出版、学术出版、社科出版这几个方面来推动出版业在学术水平的提高。

第二是紧跟国家的科研规划。从学术出版的根基和学术出版的内容来源出发,请社科院、科学院和各种科研团体参与制定国家出版五年规划。

第三是提出学术规范。按照世界水准把学术规范做好，借鉴世界同行能认同的方法来把我们的学术规范跟上世界。

第四是设立出版基金，用国家力量助推学术出版。中国的出版基金从设立之初的一亿多元到今年的4.5亿元（2014年），在今年国家财政吃紧的情况下，财政部还是大力支持这件事情，加上教育部、社科院等方方面面的出版基金，中国的学术出版不缺钱，缺理念、缺自省、缺规范。

第五是我们动员出版社先行先试，我要感谢社会科学文献出版社、上海交通大学出版社、北京大学出版社等把学术出版作为立社之本去规划、发倡议、搞规范。

我想假以时日，学术出版环境会有大的改观，但是我今天要讲的，如何推动学术出版最关键的两条——"更新观念""解放思想"，要根据世界变化看中国的学术出版。中国出版同行和学术界目前最大的要点是解放思想、更新观点，要克服那种学术出版是国家的事、学者的事、政府的事的观念。国家要拿钱出来做，国家要投入更多的资金来支持，这无疑是对的，但仅仅这样是不够的。

十八届三中全会讲发挥市场决定性作用和更好的政府管理两个方面的积极性，对我们学术出版至关重要。在世界上学术出版目前是两个效益最统一的，是利润率最高的。所以，认准了社会发展需要科技知识和社科知识这个强大动力的时候，把这个知识作为重要的信息资源去开展，是我们学术出版繁荣的根本所在。十八届三中全会《决定》要发挥市场决定性作用和政府有效管理两者统一，把这个问题统一了，我们就找到了推动学术出版的根本所在。当然，这丝毫不妨碍在特定条件下国家要为学术出版提供良好的文化政策、经济政策、科技政策，这两者并行不悖。所以，解放思想、准确定位，是学术出版按市场原则认真配置资源必须要做的一项重要的经济和商业规划。

学术出版一定要按科学规划来做，学术出版（主要）是整理创新性的知识，绝不是简单地把原有知识汇集加工，而是把创新性知识作为学术出版的中心、最重要的内容去规划。世界同行们的学术期刊没有新内容是不能发的，重要的学术著作如果没有重要的加工整理也是不能出版的，所以他们的学术著作往往要很严格地把知识的来龙去脉搞清楚，把有没有创新内容的学术规范搞清楚，没有这样的规范、机制、组织构架和一套科学的评价体系，学术出版是做不成的。

学术出版是长期的过程，需要几代人的努力，需要年轻人立志去做才能做好。一份学术期刊从创办到有影响少则十年多则几十年，一个国家像样的学术著作是在前人的基础之上累进的，没有前人的学术基础，凭空出一个学科领先的出版物是不现实的。我们经过改革开放35年的基础，五千年文明的基础，我们有条件做这个事情。我衷心地希望今天的会议之后，有更多的出版人关心这个问题，思考这个问题，使中国的学术出版物走得更科学一些，更稳固一些，更快一些。

谢寿光[*]

学术出版与中国国际话语权的构建

尊敬的邬书林局长,各位领导,各位专家,各位学术出版的同行,朋友们,大家下午好!非常感谢各位参加第四届中国学术出版论坛。刚才主持人说过,社会科学文献出版社第二次创业16年,今天这个时候,我们应该有条件,也应该有责任谈谈我们自己业内的事情。所以,我重点从一个侧面讲讲中国学术出版在中国对外话语体系建设中应当

---

[*] 谢寿光,中国出版协会副理事长,中国社会学会秘书长,时任社会科学文献出版社社长。

扮演什么样的角色。我想讲三个问题：

第一，构建中国对外话语体系势在必行。

随着中国成为世界第二大经济体，迈入中等收入国家行列，中国的国家形象、中国的国际话语权和中国国际话语体系建设，成为举国上下高度关注的问题。近十几年来，中央倡导并实施了中国经济文化走出去的战略，并且投入了大量的资金、人力和物力，我们在海外创办了为数不少的企业，并且设立数百所孔子学院以及其他文化教育机构和新闻出版传播机构，这些机构主要是在发达国家落地。我们的出版同行，像上海出版集团在纽约、中国出版集团在伦敦、青年出版社在伦敦都设立了自己的机构。在本土我们举办的国际性商贸活动和文化活动，虽然没有做量化的统计，但超过历史上任何时期，甚至唐宋时期也没有今天中国那么多的活动。无论从宏观还是微观层面来看，这对增强中国文化软实力，提升中国国家形象起了很好的作用，但是它远远没有达到我们预期的目标，中国的文化软实力和作为世界第二大经济体的地位严重不匹配。在国际主流话语体系中，中国话语权严重缺失。

邬局长在皮书工作会议上说了，中国已经成为世界上最主要的大众商品消费国，石油、天然气、水泥、铁矿石，中国都是第一大消费国，但没有定价权。另外中国也没有公认的期货价格体系，所以学术出版正在努力制造中国话语权。

现在全球讨论的话题中，中国元素都是绕不开的，基本上不谈中国就没法开展下去。很遗憾的是，中国本土学者的声音极少，外国学者研究中国占了大量的发声，个别中国学者的声音形成不了影响。现在每年学术图书值得收藏的大概 8 万种，在 8 万多种图书里大概有 4 万种左右是人文社会科学的书，但真正能够被主要发达国家大学图书馆收藏的不到 2 万本。邬局长讲过，他委托过哈佛大学和斯坦福大学图书馆对中国的图书做过分析，受制于西方图书馆的经费和收藏习惯，实际收藏的种类不到 2 万本。1990 年我到美国，哈佛大学图书馆明确告诉我们，他们一年收藏中国出版的图书 5500 种，差不多一半和北图、中国社会科学院交换，还有一半是他们买的材料。人文社科领域每年出版 2.1 万种左右学术类图书，但真正流入西方主要流通领域的不到 2000 种。

针对这个现状，《党的十八届三中全会关于全面深化改革的决定》明确提出，"提高开放水平，要坚持政府主导、企业主体、市场运作、社会参与、扩大对外文化交流，加强国际传播能力和对外话语体系建设，推动中华文化走向世界"。上个月，习近平总书记指出，提高国家文化软实力，要努力提高国际话语权。要加强国际传播能力建设，精心构建对外话语体系，发挥好新兴媒体作用，增强对外话语的创造力、感召力、公信力，讲好中国故事，传播好中国声音，阐释好中国特色。所以，党的十八届三中全会的《决定》和习近平总书记的重要讲话不仅把中国国际话语体系建设定位在国家战略的高度，而且进行了具体的制度安排。

刚才邬局长谈到政府引导、企业主导、社会参与。所以我的问题是，中国的学术出版企业在中国国际对外话语体系中应当而且有可能发挥主体性作用。针对这点我想谈三个方面。

一个国家的国际话语体系是其文化软实力的展示，国际话语影响力既能展示国家形象，又能围绕国际社会普遍的重大问题表达观点，就如每一种文明都包含自身独特魅力而又影响外溢的话语体系一样，发展中的中国也需要能够展示中国国家形象、发展道路的话语体系。这个话语体系的构建在当下中国上下形成共识，其实不只是国家领导人，一个普通的民众，你出去旅游，所有的活动里都涉及中国在国际上到底有没有地位，中国人受不受尊敬，中国的形象在国际上如何。中华民族是非常爱面子的民族，我们的国际护照只有13个国家是免签的，这和世界第二大经济体是不相称的，这时候应该是上下形成共识的时候。

人类话语体系大体分为日常生活话语、专业话语和官方话语三个部分组成。学术话语属于专业话语的部分，它是整个人类话语体系的核心。只有学术话语才引导着一定时空的话语流行和走向。主流话语形成的背后因素是时空话语体系。每一种学术话语或者通常讲的学术概念实际是有一个转换链条，它要先在本学科的学术共同体里讨论交流，然后外溢至别的相邻或相关的学科，学术产品怎么形成，是共同体里开始用的，会通过学术期刊、学术图书把在共同体里讨论的东西公开发表出来，这个时候通过媒体，包括纸媒、网络媒体加以转换，延伸出大众话语，这就看出我们学术出版扮演什么样的角色。延伸成为大众话语后，最终会被官方采纳，代表官方话语。

比如社会转型的概念，20世纪70年代后期经济学界在研究东欧经济转型，就是从计划经济向市场经济转型，那时候一批经济学家到中国讨论，经济转型的概念开始有了，经济圈内开始使用。之后在20世纪80年代初期社会学界借由这个概念在学术圈里讨论社会转型。80年代后期学术圈讨论这个概念的时候有不少同志是反对的，但都是在这个学术圈里进行讨论这时候有大量的学术论文发表，包括陆学艺、郑杭生、孙立平等在20世纪80年代末和90年代期间大量使用了社会转型概念。学术刊物和学术出版机构开始发表和使用这些概念，其他的学科，包括政治学、法学相关的学科也使用这个概念，在此期间有大量的大众媒体开始介入，最后到党的十六届三中全会正式进入党的文件，这个概念就成了一个官方语言。所以，学术出版在整个传播话语里有着独特功能。

第二，学术出版是构建中国话语国际传播不可或缺的平台。

学术出版在当今世界话语体系构建中有着不可或缺的功能和地位，是学术成果的载体和传播平台，是人类出版活动的基本组成部分。它承载着思想传播、文明传承、咨政育人的功能，处于整个出版产业链的顶端。刚才邬局长说学术出版占28%份额，它不是最大的，但它是最顶端的。所以，正如刚才邬局长所说的，学术出版的高低决定了一个国家和地区出版业的发展水平。同时我再做进一步补充，它在很大程度上体现了学术研究者的水平和话语权的强弱。

第三，关于构建中国话语体系的建议。

1. 要充分认识中国学术的国际话语是中国对外话语体系的核心部分。所以，国家要建立对外话语体系，核心的部分是应该重视中国的学术话语体系，关注中国的学术话语体系，应当把构建中国学术国际传播平台置于首要和先行的位置。中国的文化要走出去，中国的观念、价值观要输出，学术得先行，这是最有可能进入也最应该先进入的部分。

2. 构建中国学术国际传播平台的主体应当是中国的专业出版机构，应当加强政策支持力度，营造良好的外部环境，鼓励支持本土有条件、有能力的专业学术出版机构与世界著名学术出版机构合作，参与国际性的学术活动,系统推介有关中国的内容特别是关于当代中国研究的内容,从而促进中国的话语全面融入世界主流话语体系中。和斯普林格、爱思唯尔等著名老牌机构合作出版,参与整个出版过程,包括外语整个转换翻译、国际推广,都有中国的声音,都有中国的人,都有中国的东西。

3. 当务之急是构建可以与世界其他国家进行学术规范融通、对接的中华学术规范体系,着力提升本土学术出版物规范标准和学术水平,因为我们不按照这个规则办事,不用一套能和世界学术界规范相对话的东西,既不能提高自己的水平,也不能进入人家的话语体系。

4. 要培养、造就大批有较高专业学术素养和外语功底,具备国际学术视野的学术出版专业人才,建立学术研究、学术出版旋转门机制。简单地说,就是吸引大批的专家学者从事学术出版活动,同时鼓励学术编辑、学术出版人从事学术科研活动。这个旋转门一定要转起来,20世纪30年代,以中华书局、商务印书馆为代表的中国学术出版乃至中国出版为什么能和世界同步,甚至成为亚洲第一?那和张元济、王云五这样一批学术大家掌管学术出版有关,有相当一批学者在商务印书馆做研究。

社科文献出版社一年要办一百多场各种各样的学术会议,很多学者很吃惊,说出版社不好好地做出版,怎么在学术圈里做各种各样的学术活动,组织各种各样的研究课题。我说如果你认为我不务正业,那是你不了解学术出版真正的核心是什么。我们应该说是中国做学术出版的发动机和组织者,要没有一批能够懂得学术,能够驾驭各学科,处于各学科前沿的人,你想要做好学术出版是不可能的，想要争取话语权也是不可能的。所以，我们要从各个学科聘请一流专家进入出版行业，社科文献出版社也请了专家委员，但专家委员对我们的地位认同没有达到牛津大学出版社、剑桥大学出版社那样。如果我们能建立一套学术旋转门的制度，那么中国的学术话语权乃至国家话语权为时不远，我用这句话与在座全体学术出版人共勉。

刘伯根[*]

中国学术出版物的国际营销

中国图书进出口（集团）总公司是我国出版业最大的进出口企业，其中学术出版物的进出口比重也最大。在此，我结合中图公司的情况，谈谈中国学术出版物的国际营销。

一 国际学术出版物在中国的营销

相比中国学术出版物的国际推广，国际

---

[*] 刘伯根，中国出版集团有限公司董事、党组副书记。时任中国图书进出口（集团）总公司总经理。

学术出版物在中国的营销起步早，市场化、国际化、数字化水平也高。因此，分析国际学术出版物在中国的营销，可以为中国学术出版物在国际上的营销和"走出去"提供借鉴。

首先，进口出版产品中，多数是学术出版物。

2012年，全国出版物进出口企业累计进口纸质书、报、刊30121.65万美元（3138.07万册（份）），进口电子和数字出版物16539.85万美元，共计46661.5万美元。数字出版物进口占总进口的35.34%。这些进口产品，主要是大专院校、科研院所的专业图书馆和公共图书馆采购的。其中，纸本书、刊多数是学术类的；期刊数据库和电子书则几乎全是学术类的。

其次，经过30多年的发展，国际出版商在中国的营销已基本实现本土化。

20世纪70年代末开始，培生、爱思唯尔等国际大型出版商，就通过中国的出版物进出口企业，进入中国出版市场。

20世纪90年代以来，培生、爱思唯尔、汤姆森·路透、威科、威利、施普林格等全球出版50强中，已有2/3在中国设立了各种形式的"代表处"或相关机构。国际出版商进军中国市场的途径有三个：一是发掘中国作者，比如施普林格在中国成立作者学院，爱思唯尔也通过在中国开展语言润色服务发掘了大量的中国作者。二是开展项目合作，包括出版项目、教育服务项目，比如培生与商务印书馆、外研社合作，出版《朗文英语辞典》《新概念英语》《当代大学英语》，收购戴尔国际英语、华尔街英语、环球雅思等英语培训机构。其中，学术出版的合作也是重要内容，西方各类经典和新近的学术译丛不断涌现。三是开展平台和渠道合作，比如爱思唯尔、施普林格、威利、英格拉姆等与中图公司这样的进出口企业和京东商城这样的电商合作，在中国建立了数字平台和产品营销队伍。

当前，国际出版商在中国的营销，主要是推广数据库、电子书等数字产品，并与国内出版社开展学术出版物的合作出版。其中，数字产品营销是他们的重点业务。这是因为，国际大型出版商尤其是学术出版商，已经基本上完成了数字化转型，建立起了各具特色的期刊、电子书数据库和数字营销平台。早在1996年施普林格就推出首个期刊全文数据库——Springer Linker，2000年爱思唯尔也推出Science Direct在线数据库等。2012年全球出版50强中，数字业务收入已占到总收入的41%。

从以上分析可以看出，国际学术出版物在中国的营销有两个鲜明特点：一是数字产品营销已经成为国际学术出版物进入中国市场的主要方式；二是无论是传统产品还是数字产品，无论是直接进口还是合作出版，其在中国的营销都是通过与中国本土进出口企业和出版社的合作，来实现渠道嫁接、队伍建设和本土化营销的。

二　中国学术出版物国际营销的现状

根据中图公司多年的经营经验和市场研究，中国出版"走出去"的市场主要有两大类：一是国外政府机构、大学图书馆和公共图书馆；二是海外华人群体、孔子学院、汉学研究者等。其中，尤以大学图书馆和公共图书馆等科研机构所占比重最大，采购的也主要是学术出版物。

在学术出版"走出去"方面，尤以实物出口和数字产品出口规模较大，合作出版也在加快发展。

实物出口方面，2012年全国出口书、报、刊、7317.02万美元（2061.77万册（份））；出口数字产品达到2157.96万美元；总出口9474.08万美元，其中数字产品占到22.78%。这些出口产品中，学术出版物占有越来越大的比重。

合作出版方面，国内各出版机构都在加快对外合作。比如社科文献出版社出版社近年来已与欧美、东南亚、日韩等国家和地区的50家学术文化和出版机构建立了长期稳定的合作关系，这其中有著名的剑桥大学出版社和荷兰的BRILL出版公司。上海交通大学也已与爱思唯尔、施普林格、圣智、剑桥大学、麦克米伦、德古意特等国际学术出版商建立了全面的战略合作伙伴关系，共同策划了近100种原创高水平英文版学术著作，如《钱学森文集》，以及"大飞机出版工程""光物理研究前沿系列""东京审判""江泽民学术著作系列"等。这些，都是中国学术出版物通过合作出版实现国际营销的最新案例。

三 中图公司在推进中国学术出版物国际营销中的作用

中图公司是以渠道服务、国际营销为主业的进出口企业。

近年来，我们借鉴国际学术出版物在中国的营销模式，在与国外出版商和渠道商合作以开展数字化营销、借助会展服务以搭建国际学术与版权交流平台、扩大学术出版物出口和开展本土化外向型出版等四个方面（两个平台两个通道），有所突破。在推进中国学术出版物进入国际市场方面，我们可以提供两个平台两个通道。

1. 易阅通数字化营销平台

在2013年的北京国际图书博览会上，我们推出了中图国际数字资源交易与服务平台——易阅通（CNP eReading），以"一个平台、海量资源、全球服务"为定位，集聚合、加工、交易、服务于一体，具有数字资源进口和出口双重功能。

考虑到国际出版商的数字资源相对丰富、营销模式相对成熟，易阅通平台的建设采取了先国际合作、再国内合作的思路。我们一是与国际数字技术商（英国出版科技集团（PT））合作，完成技术平台的设计开发；二是与国际上数十家主要的出版商（威利、威科、牛津大学出版社等）签订协议，聚合了各类数字资源（数据库和电子书）150万种。三是借助自有渠道并通过与国内外数字分销商（超阅（Overdrive）、道森图书（Dawson Books）、英捷特（Ingenta Connect）、京东等）合作，打通了销往海内外4万多家图书馆和海外100多万个人用户的营销渠道。四是对已聚合的国际数字资源进行本土化加工，实现交易。目前，国内已有中科院、社科院、吉林大学、云南大学等20多家单位开通试用易阅通平台并进行交易。相应地，用于高端个人客户的"易阅客"等专项服务平台也已推出。与易阅通配套的按需印刷公司，也已完成论证、即将开业。

有了这个中国最大的国际化的数字营销中盘，我们再回过头来聚合国内数字资源、开展中国出版的国际营销，就有了牢固的平台、资源、渠道基础。目前，我们已与中华书局、人民文学出版社、法律出版社等国内20多家品牌出版社以及江西、贵州、陕西、宁夏等出版集团达成合作协议，聚合了5万种电子书、数字期刊等数字资源，重点是集聚中国的学术类数字出版物，打造中国古籍、法律、社会学、科技、文学等专业数据库，将其营销到国际市场，营销到前面所说的海内外4万多家图书馆和海外100多万个人用户。

易阅通平台按照国际数据加工标准、国际定价原则和国际交易方式，通过资源聚合和国际渠道合作，有针对性地解决了当前中国数字出版存在的格式不统一、定价较低和出口渠道狭窄的问题，从而显著提高了中国数字出版物的国际传播水平，实现了以实物出口为主向数字资源出口为主、以华人文化圈销售为主向国际主流社会销售为主的突破。

2. 国际会展服务平台

中图公司创办并承办的北京国际图书博览会，主要功能是版权贸易、专业交流，已经成为国际四大书展之一。展场规模和参展商数量位居世界第二，仅次于法兰克福书展；达成的版权贸易数量位居世界第三，仅次于法兰克福书展和伦敦书展，已经成为在家门口开展国际营销、实现"走出去"的重要平台。同时，中图公司还承办每年一届的海外书展中国主宾国活动，以及近20个国家和地区的中国代表团组团参展服务。

近年来，我们通过不断创新办展形式、丰富办展内容、巩固和打造系列品牌论坛等措施，使得这些会展平台在促进中外出版交流和交易方面，发挥着越来越重要重要作用。比如2013年的北京国际图书博览会，我们着力于版权贸易和数字出版交流，巩固和打造了一系列品牌论坛，包括：北京国际出版论坛、北京国际版权贸易高级研修班、中欧数字出版论坛、中英国际出版论坛、中国图书馆馆长与国际出版集团高层对话论坛，以及中国与阿盟、美国、德国、阿根廷、新加坡等国家和地区的 6 场"10+10 国际出版人论坛"等。同时，为了更好地促进国内外参展出版商的版权洽谈，我们将版权贸易洽谈区改为独立的活动区域，面积扩大了一倍（达到 400m²）。2005 年以来，为了表彰在介绍中国、翻译和出版中国图书、促进中外文化交流等方面作出重大贡献的外国翻译家、作家和出版家，当时的新闻出版总署设立了中华图书特殊贡献奖，已经举办了 7 届，其中有很多获奖者都是汉学家或从事学术出版的出版家。

今后，我们将根据中外学术出版交流的特点，不断创新会展形式，为中国学术出版的国际推广搭建更有针对性的平台。

3. 学术出版实物出口通道

实物出口方面，中图公司年出口量约占全国的 35%。其中在海外大学图书馆和公共图书馆，我们占有很大比重。目前，我们已经与美国国会图书馆、大英图书馆等公共图书馆，以及欧美很多大学中的"东亚图书馆"建立了良好的合作关系。针对国外公共和专业图书馆的采购特点，我们建立了完善的书目信息库，能在第一时间将国内最新的学术出版物出口到国外的专业机构。

4. 本土化外向型出版通道

在海外出版方面，中图公司近年来发展较快，通过独资和合资的 9 家海外出版社，以及与国际出版商的合作，实行以进代出，每年输出版权和合作出版的图书都超过 200 种。

近年，我们更加注重学术出版在海外的推广营销。比如近期，我们与上海交大出版社和中央编译出版社合作，历时三年翻译审校完成了江泽民同志《论中国信息技术产业发展》和《中国能源问题研究》的泰文版，即将在泰国曼谷举行首发仪式。

借此机会，我们希望，中图公司能在在数字化、会展、实物出口和海外合作出版等方面，与国内学术出版机构开展深度合作，为中国学术出版物的国际营销提供渠道、开拓市场，为提高我国学术出版物的国际影响力作出贡献！

阙宁辉[*]

书业会展
——学术出版的价值平台

各位同行，各位出版界人士，大家下午好！非常高兴参加"2014年中国学术出版年会"，学术出版在当下中国的发展所呈现的需求，以及书业会展在当下中国转型发展升级的需求，这样两个需求交集在一起，促使中国的出版业比以往任何时候都呼唤构建一个更为紧密、更为坚实、也更为常态的学术出版共同体，以及与之相配套的价值平台。

---

[*] 阙宁辉，上海世纪出版（集团）有限公司总裁，时任上海市新闻出版局副局长。

在展开这个话题之前，我先回顾一下，大约在2009年，上海出版界在酝酿和谋划"十二五"发展规划时，我们曾经有过这样一个基本判断，就是中国出版业在21世纪第一个十年中呈现的高速发展，是"五轮驱动"下的高速发展，即集团化、产业化、证券化、数字化和多元化。经过这十年的发展，中国出版业或许将进入一个内容产品生产规律和价值回归的周期。在这样的周期里，中国出版界的理性发展战略和影响力将会被重新评估，并且受到越来越广泛的重视。学术出版、专业出版将成为中央和地区名社、大社、强社区别于地方集团化发展战略的主要选项，数字化浪潮也有可能促使学术出版转向以期刊出版为主，展开更加实务性的市场布局。中国出版业或许会诞生为学术出版度量定制的高端专业平台。围绕这一判断，上海出版界的"十二五"发展规划确立的一个目标，就是要打造以学术出版、专业出版、品质出版和价值出版为核心取向的出版高地。当然，我们的工作还在持续地进行当中，还有不如意之处。

我们还注意到另外一个现象。近几年来，中央政府以前所未有的力度强调学术出版，强化专业分工，而且出台了一系列围绕出版的核心价值和核心竞争力的政策，特别是以专业立社的大学出版社，以及我们今天的主办方社会科学文献出版社。一批以学术立社的专业单位迅速崛起，影响和带动中国学术出版业新一轮的价值取向。此外，学术出版在成为业内热词的同时也让更多出版业的有识之士集聚在一起，这几年这样的聚会越来越多，大家回归到主业，审视自身为中国的学术传承和创新到底做了什么，还有哪些工作没有做好。近几年来，各地政府趋之若鹜，争相立项，各类书展不断涌现，但同质化情况越来越严重。在新一轮书业会展浪潮当中，我们有没有可能顺势而为，借势而上，改变一下目前千展一面的格局。在这样的大背景下，我们强烈地希望为正在崛起的中国学术出版搭建更大、更好的价值平台。

我们一直说"学术出版是学术的守门人"，我们也希望在当下的中国出版界，学术出版界和学术出版人不应该仅仅满足于默默奉献、为他人作嫁衣的守门人角色；还应该洞察场上的变化，积极把握场外的脉动，利用书业会展这样的平台效应，让公众、学界、媒体更多更准确地了解学术出版社和学术出版人的专业担当和文化责任，让真正有价值的学术成果、学术创见和学术产品以及创造者的社会能见度逐步提升。从这个目的出发，专业会展有必要实现转型升级，成为学术出版界和学术出版人共同的价值平台。上海书展从2011年开始，我们也南北呼应，在学术出版领域做了多轮推动，鼓励中国出版界和学术界能够联手共同构建学术出版共同体。

就今天中国学术出版的现状和发展趋势来说，我们认为，在中国诸多的书业会展当中，应该说已经有一些会展有条件作为新的价值平台，为一流的学术产品、学术创见、学术著作提供一流的学术平台和专业支撑。像北京图书订货会，我们都知道它的功能定位在发生新的变化，市场、出版主体以及学术主体对北京图书订货会也有新的呼唤和需求；像上海书展，这些年来它在致力于推动大众阅读的同时，围绕着学术化、专业化和国际化也做了新的探索。我认为像北京图书订货会和上海书展这样的大型书业会展已经具备得天独厚的区位优势，依托的是北京和上海极为丰厚的学术资源、出版资源和阅读资源。所以，这样的大型书展自身的转型升级问题也有必要研究一下，如何让价值能够落地，让这样的平台拥有真正的价值。

我们也注意到，北京图书订货会这几年来在行业交流、展销和研讨活动之外，在学术出版领域有新的主张。社科文献出版社从2011年开始就举办中国学术出版论坛，而且北京图书订货会期间举办的大型学术出版论坛和高水准的学术产品发布会越来越多，规格越来越高，活动的形式越来越规范。从2011年开始，上海书展陆续创立了一批为学术出版单位、学术界服务的品牌合作项目，比如学术出版上海论坛，为优秀的社科类出版社设置精品馆，为历史最悠久的三家出版社专门设立了百年文脉馆，为中国古籍出版同行设立了古籍馆，建立起上海书展的价值坐标。

我认为应该在北京图书订货会期间，持续吸引更多国内学术出版同行在订货会上发表学术创见，使订货会不仅成为新书首发地，而且成为学术创见、学术成果的首发地。另外，是不是可以考虑对北京图书订货会现有功能做一些调节和完善，比如设立中国学术图书书展和学术图书博览会，或者将其定位为以学术图书为主。我认为完善以后的北京图书订货会，它的发展前景和现阶段所预期的发展前景是完全相符的。基于此，我们可以把北京图书订货会打造成中国学术出版界一年一度学术文化盛会，为中国出版界以及国际学术同行树立和展示学术出版全新标杆，以此来持续影响和带动中国出版核心竞争力的提升。大众市场上社会性的、常态的营销会持续存在，而学术著作、学术产品、学者的社会能见度需要这样的平台给予格外的支撑和服务。上海出版界会全力以赴支持这样的新的转型，支持这样新的品牌和项目发展，并且愿意在上海书展期间给予高度配合和呼应，共同为构建更为紧密、更为坚实、更为常态的中国学术出版共同体做出我们的贡献。我们期待着北京图书订货会对上海书展产生引领作用,上海书展将会以最热忱的态度欢迎中国出版界和学术界同行夏天到上海参会。

中国学术出版十年（2011~2020）

魏玉山*

群策群力，助推中国学术出版走出去

我谈的题目是小题目，关于学术出版的几点想法，不成系统，不成体系，请大家批评指正。我从两方面来讲。

第一，我给大家提供几组数据。

第一组数据来自国家版权局，是2011年全国图书版权引进输出分类数据。2011年，全国引进了图书版权14700多种，其中科技类图书2850种，工具书117种，大专及以

---

* 魏玉山，中国新闻出版研究院院长，时任中国新闻出版研究院副院长。

上课本125种；版权输出总量5922种，其中科技类741种，工具书89种，大专及以上课本14种。大家从这一组数据可以看出来，在我们引进和输出比例上，科技类图书引进和输出是什么比例。总体来讲，虽然我们引进和输出的差距在缩小，但是依然有很大逆差。

第二组数据显示美国大学出版社共94家——当然我看到的数字有不同的说法，最多的说有180家，也有说美国大学出版社和协会有110多家，我没有做具体的了解，我引用的是周蔚华先生的数据——每年出版新书8000余种，占全美所有新书品种的5%；年销售额约2.2亿美元，占图书销售总额不足1%。美国大学出版社为什么规模很小却生存很好？一个很重要的原因就是它不为利所惑，由各种大学和各种基金会支撑着学术出版，所以大学出版社可以安心做好书。美国普林斯顿大学出版社社长说大学出版社专门出版包含艰深思想的书籍，艰深的思想如果是好的思想，不管是计量历史学、阐释学、解构主义还是符号互动论，在独创性和权威性方面都具有强大的剩余价值。从伊利诺斯大学出版社首次出版于上个世纪40年代末且至今仍然在版的《通信的数学理论》中，大学出版社在科技出版、学术出版方面的坚守，许多商业出版社不出版艰深的思想，因为这些书难以大量销售或迅速卖出。他提出一个很重要的观点，学术图书是艰深的思想带来的强大商业价值，一般的商业图书不具备这样的商业价值。

2011年，中国有图书出版社108家，按2007年的数据，大学出版社出版图书品种达到8万种，占全国图书品种总数的30%，销售总额占全国图书的34%。所以有一个说法，在整个出版领域中，大学出版社三分天下有其一。我们的大学出版社，除了出版学术图书以外，许多出版社为了改善学校教职员工的福利水平而出版大量的教辅类图书。

通过这两组数据，我们有两点可喜也有两点可忧。可喜的地方是，版权贸易以及版权输出已经发生了巨大的变化，我们引进和输出比例最高的时候是引进15本输出1本。到2012年，我们引进输出比达到了引进1.9本输出1本。第二个巨大的变化是我们的大学出版社在商业化的道路上取得了巨大的成就。也有可忧的地方，在我国版权输出当中具有艰深思想的作品仍然偏少，输出去的很多产品，有传统文化的、有中医中药的，但是能够具有话语权的产品很少。

第二，谈谈我的几点想法。

1. 学术出版是文化软实力的重要标志

学术出版是一个国家、一个民族学术精神、学术成果的集中体现。观察一个国家、一个民族人文社会科学、自然科学技术是否发达，一个国家软实力是否强大，一个简单易行的方法就是看其学术著作的质量和数量，以及其学术著作被其他国家引进、购买的品种与数量。你的学术再好，其他国家没人引进你的学术图书，我认为这也是自说自话。

文化内容非常广泛，薯片、可乐是文化，中医中药是文化，但其作用和学术出版不能比拟，没有艰深的思想不能影响价值观。我们可能吃薯片，也可能喝可乐，但你没有看过美国的学术图书，就不可能对美国的学术以及价值观有全面的了解。同样，很多外国人可能也吃中餐、吃中药、穿中式服装，但是如果不认真地品读中国的学术图书或者学术出版物，那么对中国的核心价值，对中国文化的了解那也是片面的，甚至是肤浅的。真正的文化产品，特别是出版物、影视作品能传递全面的价值观。只有具有艰深思想的学术作品才能够影响知识分子和主流人群的价值取向。

2. 学术出版是一个国家、一个民族出版实力、出版水平的重要标志

世界上的出版强国首先是学术出版强国，教辅图书虽然有其存在的必然性和必要性，虽然教辅图书有很多品种，但它不是建设出版强国的重要指标。我们要实现科教兴国，实现出版强国梦，做好学术出版，是我们的必然选择。

3. 对学术出版应该给予有差别的政策支持

2013年12月31日，财政部公布了关于对文教系统的税收优惠政策，谈论比较多的是对实体增值税免收，当然是对批发和零售环节全部免征。文件中还有一部分内容是对出版物税收的减免，其中包括两类，一部分出版物增值税是100%的减免，还有一部分出版物增值税是50%的减免，这里面没有对学术图书进行分类。我们希望把学术图书作为一个单独的门类实现100%的减免。我们建议对承载学术出版重任的出版单位，包括大学出版社、人文社科出版社、科技出版社，都要给予特殊的政策扶持，比如基金项目、财政补贴，其他重大项目建设上我们要向学术出版机构倾斜。

4. 让学术出版在"走出去"中成为主角

因为学术著作出版的价值是独特的，是其他产品所无法比拟的，所以我们要对学术著作出版"走出去"给予特殊优惠政策，对学术著作的翻译、补贴政策，对学术著作的著作者、编辑者、版权代理者、翻译者都应该给予奖励和扶持。

学术出版走出去的核心是要具备走出去的品种，因为出版是学

术的载体与传播的媒介，学术出版走出去实质是学术要走出去，要使我们国家学术出版走向更大的发展，一个重要的前提是我们国家学术研究要有更大的突破，学术水平要有很大的提高，没有理论、方法、观念、技术等创新，学术出版走向国际也很难。因为我们的出版也只是一个中间环节，是作嫁衣的环节，源头上没有创新，单独出版创新是很难的，所以学术强才能学术出版强。

5. 强化出版企业在学术出版走出去的主体地位

政府的扶持和支持是必要的，但要发挥企业的主体作用，按照商业的逻辑、市场的规则来做，才是我们的重要选择。

6. 采取多种渠道、多种方式做好走出去

要充分利用网络书店、图书馆采购渠道以及进出口公司等发行体系，做好学术著作的出口业务。加强与版权代理公司的沟通，做好学术著作版权转让、翻译及出版发行，做好与中资国外出版机构的合作，实现学术著作在国外的直接出版发行。现在有一些出版单位已经开始在海外布局建点，利用这些国外的渠道和国外的企业也是我们走出去的重要通道。要充分利用现代技术做好学术出版走出去，可以通过亚马逊实现电子书的销售，通过在线平台实现电子书销售，也可以实现按需印刷，提供纸质本的印刷服务，可以制作学术出版数据库，为学术著作走出去提供更加广阔的天地。

7. 调动专家学者、编辑人员、版权代理人员、出版物出口人员等各方面的积极性

出版走出去是系统工程，既需要政府、行业组织、企业的互动，更需要相关各方的积极配合和联动。

8. 学术著作出版规范在学术出版走出去中发挥着重要的支撑作用

我们现在正在做的一项工作就是制定系列的学术著作出版规范，这个规范主要是对学术出版环节的技术规范、形式规范和流程规范。学术出版大概有十五六项技术规范，包括注释、索引、插图、参考文献，等等，做出与国际上相通或接轨的规范，以使我们的产品按照现代国际通行的规则进行规范化的处理，因为只有标准化才能更加好地走向国际市场，预计今年会有一批学术标准规范要出台。学术出版物水平的高低、质量的优劣是长期的、艰苦的、涉及面广泛的任务，刚才谢寿光社长说可能是几代人几十年的任务，它也不是一个单位、一个企业或是一家之力所能为的。所以，让我们共同努力，不断提高我们学术出版的水平，不断提高我们学术出版的国际影响力和市场占有率，这是大家共同的责任，是我们出版业的责任，也是我们学术出版界的责任。我期待有一天我们的学术出版能够在国际市场上有更大的话语权！

中国学术出版十年（2011~2020）

2015

大数据时代的
学术出版与学术评价

马 援[*]

关于大数据时代学术研究和科研组织

今天要谈论的不仅仅是"大数据时代的学术评价"这一话题,我将主题稍微扩展一点,来聊聊"关于大数据时代学术研究和科研组织"。值得思考的是,老一辈的学者,在"前数据时代"的背景下开展学术研究;如今,我们进入大数据时代,学术研究、科研组织发生了什么样的变化?面临着哪些新的挑战?我想至少有三个方面。

---

[*] 马援,中国社会科学院副秘书长,兼任财务基建计划局局长,时任中国社会科学院科研局局长。

第一,背景不同。过去的学者和现在的学者面临的大环境不一样:搞社会学科、人文学科首先要确定主题、方向,明确是否值得做、需要做、具体做什么。在大数据时代,我们要具备比"前数据时代"更加准确、有效、方便的信息来源。如果把学术研究机构当成一个学术精神产品的生产商,那么首先要看这个产品提供给谁。产品一般会流向三个方向——政府决策部门、学术同行与社会公众。他们的需求是什么?这些信息从哪里来?直接决定了学术研究的方向与选题。这些信息都是"前数据时代"的研究学者们未具备的条件。

第二,科研组织。现在的科研组织早已超越了过去单兵作战的时代,钱锺书先生靠一个人的学术积累把《管锥编》这样的经典著作编写下来,具有长期的学术影响,这非常棒。但是如今,不管做人文研究还是应用对策研究,依靠单兵作战的科研方式是不是能够适应现代科研的需要呢?现在很多的人文研究学者背后都有一个团队的力量在支撑,在服务。大数据时代,对科研组织的方式和学术成果质量提出了要求,政府部门、学术同行、社会公众需要对你的科研成果做出客观评价。只有评价才能够树立标准,才能够优胜劣汰,才能够保证科学研究的正确方向和高水平质量。

我也发现,学术出版机构在其中能发挥独特的、不可取代的、具有优势性的作用。比如在考虑做什么研究以及方向引导方面,学术出版机构的政策敏锐性、学术敏锐性、市场敏锐性,比科研组织机构要强。现在的学术出版机构面向的平台是全国,甚至全世界,打破了现有学术组织的框架和界限,能够组织最优秀的、最合适的人员开展专题研究。比如社会科学文献出版社做得非常具有影响力的皮书系列、列国志系列、西南工程等项目,它们搭载的平台远远超过了现有学术研究机构所规定的框架。

第三，学术评价。实际上，社会科学文献出版社已经在做一些学术评价的尝试，比如皮书的评价就带有第三方评估的意义，它的评价结果在中国社科院也作为院级评价标准。所以，将大数据时代的学术出版和学术评价扩展开，学术研究和科研组织以及学术出版机构具有优势、大有可为！

郝振省*

学术期刊的创新与评价

今天与大家分享的主题叫作"学术期刊的创新和评价",我也称之为"百家争鸣,理论创新"。选择这个主题的起因是我在《人民日报》读到纪念《历史研究》创刊60周年的文章,文章以"始终引领中国当代史学研究方向"为总标题,分为三个部分来探讨。这三个部分的题目是"唯物史观是当代中国史学的旗帜灵魂""探索历史规律是当代

---

* 郝振省,中国编辑学会会长,时任北京印刷学院数字出版与传媒研究院院长。

中国史学的本质追求""经世致用是当代中国史学的优良传统",我认为这是对创刊60年来办刊经验高屋建瓴的总结,从《历史研究》的总结里,我认为学术期刊的创新和评价要坚持四点,与大家一起探讨。

第一,要有好的办刊宗旨,维护宗旨的权威性和神圣性。办刊宗旨是大家从始至终认同、服从、追随并且为之奋斗的,而不该是一种手段、策略、招牌或是临时抱佛脚。当前学术刊物中,很长时间以来名不副实的学术刊物不在少数;也存在打着学术招牌,内容却是顾左右而言他的现象;更有甚者,把目的当成手段,所有刊发的文章都和能否创收、创收多寡捆绑在一起,这是令人担忧的。有了宗旨就有了方向,坚持宗旨就能吸引有这方面研究能力的人们贡献出自己的学术思想,从而引领某些学科的研究对现实产生实在的影响。

第二,应该逐步形成学者型的研究队伍。我历来主张学术期刊必须由热爱学术的学者来支撑,如不能满足,也应由学术研究爱好者或学者型编辑来支撑。形成内外结合的学者型研究队伍,其必要性有以下几点:

一是家有梧桐树才能招凤凰,如果一个刊物,特别是学术刊物,包括学术出版物没有一两位学养深厚的编辑人才,不能与作者在一个层面对话,不了解国内外学术动态或知之甚少、知之很旧,怎么能够争得作者的心血之作呢?

二是这支队伍不但要担任过河的任务,还要提出桥和船的问题。一本学术刊物如果只是提出诱人的办刊宗旨,却没有一支扎根行业、热衷学术的编辑人才队伍,无疑是墙上画饼、水中捞月。

三是一个好的学术刊物不仅为社会上的学术大家、思想大家、理论大家提供交流传播的平台，它本身也是产生学术思想、理论大家的土壤和基础。《历史研究》为什么能吸引胡绳、侯外庐、范文澜一批史学家关注？因为编辑本身就是由一批史学名家组成的，这对学术期刊办刊人来说不无启迪和感悟。由此推及，社会科学文献出版社有这么好的学术积累、学术成果，和专家型的学术队伍是有关系的。

第三，要切实实行百家争鸣的方针，这是毛泽东为《历史研究》确定的办刊方针，如今在相当多学术刊物里基本看不到了。批评和自我批评优良作风的变异和退化，相互批评的庸俗化和自我批评的浮浅化盛行。很多期刊也未能形成彼此对话交锋的学术气场，而是自说自话。百家争鸣对学术期刊的作用如同空气、水分与食物对一个人的生命不可或缺一般，学术期刊本身就是学术创新、思想创新、理论创新和文化创新的阵地，而百家争鸣就是实现这种使命的重要途径，对人文学科和哲学社会科学来说甚至是根本途径。

办好学术刊物不仅能彰显中国风格，而且有助于形成各个领域有影响力的中国学派，或是以中国学者命名的学术发明与理论创造，而不必言必称希腊、学必讲欧美。从更广阔的视野来考量，学术期刊其实是一个国家文化软实力的重要组成部分。学术的交锋、理论的创新是一个国家文化繁荣的重要标志，良好的学术氛围与学术修养是建设文化强国的重要追求。

第四，学术期刊评价应该围绕"创新"来设计、来实施、来完善。判断一篇学术论文或一部学术著作是否具有创新点，关键要看其观点是否具有创新。观点创新后再往下追溯有无占有资料的创新、有无研究方法的创新、有无研究角度的创新、有无对原有研究成果的梳理及其对未解决问题或解决不好问题的捕捉，这才能构成对创新的评价基础，否则所言的创新不是子虚乌有就是云山雾罩，让人不明所以。

中国学术出版十年（2011~2020）

谢寿光[*]

学术评价：学术出版者的责任

为何一个学术出版机构能坚持五年办一个年会，其实主要是出于学术出版人的责任担当。我们不能自己闷着头出书、挣钱，还要在学术出版中扮演自己的角色。所以，我们的论坛更多的是传递一种声音。这次年会主题选择的就是大数据，关键词是学术评价。

这些年来由于文献流量量化的兴起，关

---

[*] 谢寿光，中国出版协会副理事长，中国社会学会秘书长，时任社会科学文献出版社社长。

于学术评价的话题其实是非常热的,但这时候我们突然发现学术出版,尤其专业的学术出版社在学术评价上是缺位的。中国整个学术出版乃至整个出版业应当说在过去60年来取得了长足的进步,但它还不能与中国作为世界第二大经济体、经济总量已经达到大国和强国的高度相匹配,我们在世界上并没有得到相应的尊重,核心的问题是我们的文化大而不强。文化大而不强又直接和我们的出版业相关。相当一段时期以来,我们的主管部门总认为这个产业规模太小,图书的出版虽然每年的增长率都有7%~10%,但总量不到1000亿元。想把它变成像汽车行业一样的规模,即使把与传统的核心出版业务没有太大关系的游戏装到出版领域里,甚至把广告印刷都放在里面,差不多2万亿元,比汽车行业规模还大了,别人也没把你当回事。

出版业本身的产业规模是不可能去和其他行业比较的,但是可以比影响力和话语权。像万圣书园这样的独立书店也是一样,它的影响力,独立书店的价值,对这个时代的文化、文明和思想的传递是无法用金钱衡量的。在这种情况下,学术出版人在整个学术发展里扮演什么样的角色呢?——评价,参与到学术过程中,学术出版应该在整个学术研究和生产、学术消费思想市场里保持你的本质,有你的专长、有你的责任所在。所以有了今天的主题。

尽管马援局长的发言很简短,但点题了,学术评价是学术出版社、学术出版者的本职,你要在这方面发挥作用、发挥功能;郝振省院长通过历史研究这个案例来进一步说明我们与学术出版和学术评价之间是一种怎么样的关系,由谁来做这件事儿,这就是我今天选择"学术评价:学术出版者的责任"这个题目的原因。

我今天的发言更多是对马援局长和郝振省院长演讲内容的进一步展开。下面我把核心观点向大家进行介绍。

（一）学术评价是学术研究和学术成果交流、传播不可或缺的基本环节

学术评价是引导学术规范发展的重要方法，是促进学术繁荣的重要手段，它对学术研究的健康发展发挥着重要作用。应当说学术出版机构作为学术资源的整合者，应当成为学术评价的重要一极。

我在前几届年会里曾经说过一个观点，今天我们出现大量抄袭、低水平重复的作品，这种情况在图书领域里比发表论文更甚，所以现在很多大学、研究机构评职称时，专著、著作已经不作为标准了，更多的是以论文为标准。其实从学术研究整个评价体系来说，论文当然是不可或缺的，但真正的学术大家，真正创世纪的成果仅仅靠论文是不可能完全体现的。中外历史上真正的文化传承都是靠专业的图书积淀下来的。造成这样的因素是多方面的，学术出版者作为最后的看门人没有尽到责任。原因在哪儿？就是你没有担当、不专业，没有一整套的评价体系，本来不成为问题的变得成为问题了。

学术评价从本质上看是一种主观的评价，是依据学术共同体在长期实践过程中积累而形成的一套规范，对研究成果做出的一种判定。随着科学技术的迅猛发展，我们可以借助大数据对文献流量、转引率进行分析。这时候原来传统的评价方式——学术共同体评价往往就显得不足或难以完成，所以就形成了客观评价。在对传统评价方式形成挑战以后，第三方专业学术评价机构，国际上的SCI（科学引文索引）、CSCI（中国科学引文索引）就应运而生了。这类评价在好的学术作品缺位的情况下很兴盛。当下，我们对学术评价主要是靠对文献资料的分析，它有客观、可量化的优点，人文科学领域量化评价的缺陷和不足也是十分明显的，学术出版机构作为学术资源的整合者应该成为重要的一极。

进一步来说，学术出版者担当起学术评价的责任，不是一个新的功能，而是本性的回归，学术评价实际是学术出版的前提。专业编辑最主要的价值是发现的功能，对大量的研究内容不断追踪，发掘价值的筛选过程本身就是评价过程。这种情况下，我们认为学术出版者应该恢复或重建学术出版评价功能，应该有点担当。学术出版机构参与学术评价是理性回归。

所谓的担当和回归是在历史上，评价功能从来都是由学术出版机构来承担的。《四库全书》的编撰、《康熙字典》的整理和出版发挥作用的都是学术出版人，也就是所谓的翰林院编修在承担这样的功能。近代以来，商务印书馆、中华书局作为专业的学术出版机构本身就已经承担起了评价功能，所以那时候中国学术没有专业的评价机构。而今天在西方发达国家，除了论文用SCI、计量分析之外，评价功能绝大部分是由剑桥、牛津、哈佛、斯坦福、芝加哥这些著名大学出版社来做的。匿名的评审、同行的评价应该由专业的学术出版机构来组织，他们有强大的专家数据库。

中国今天的现状，已经能公开说这样的工作应该由专业出版学术机构、出版社来承担了，已经开始回归这个共识了。改革开放以前意识形态部门不需要评价，改革开放以后我们学术专业活动得到认可，但对学术出版形态、出版功能的认知相对落后，所以才会有北大、南大、社科院自己办各种各样的专业机构对学术图书开始进行评价。期刊可以用文献流量统计来做，学术图书也用文献流量来做转引率行不行？肯定不行。这应该是由学术出版机构来承担，因为这是整个学术出版的前提，不对这些书稿进行评价怎么出版？对于怎么做评价，我们可以有另一套制度设计，但主体应该是专业的学术出版机构。

（二）学术出版机构参与学术评价的优势与特色

首先，学术评价是学术出版流程的一部分。因为出版者对于评价结果的客观性和科学性要求很高，由学术出版机构实施学术评价工作，应该说可以保证学术质量。其次，专业编辑可以成为学术评价的重要参与者，专业编辑是对学术作品价值做出判断的最佳人选。专业编辑会审查作品观点和论点的规范性、学术研究过程的规范性、结构安排的逻辑性、语言的专业性和规范性，以及社会影响力等是否符合特定类型学术成果规范的要求，编辑是学术成果的内容筛选者、价值发现者和评判者，在这种情况下，学术出版机构本身就对我们的编辑有更高的门槛要求。

2014年的年会上我发表过一个观点，中国要恢复传统，建立出版者（编辑）和研究者的"旋转门"制度，编辑可以参与研究过程，研究者也要进入编辑流程，形成学术出版的"旋转门"。我今年进一步明确这个观点，中国的学术出版真正要达到我们原有的高度或和中国作为全球第二大经济体相适应的高度，必然要有一大批的研究者参与学术出版活动，应该有不少的编辑本身就是研究者，可以形成一套制度性的安排。

社会科学文献出版社今年刚刚选拔了名编辑和名编辑的候选人，有一项职责和任务就是要针对你的学科领域研究撰写文献综述报告。

这是我们在未来学术出版领域里建立起一套"旋转门"制度，学术出版机构应承担起的学术评价组织者角色。

国家新闻出版广电总局现在重视专业编辑人才，将全社会对学术出版价值和功能的认知提高到相应的高度，它在推进整个中国学术出版的进程中扮演着不可替代的作用。一旦形成这样的共识，中国的学术出版的春天即将到来，中国的人文社会科学研究发展将会形成一支巨大的推动力量。让我们共同努力，迎接和营造中国学术发展的一个美好时代。

中国学术出版十年（2011~2020）

李雪涛[*]

从全球史研究看中国的学术出版

社会科学文献出版社建社三十年了，这三十年它成为一个真正的学术出版社，并且在而立之年真正立了起来，对中国学术做出了巨大的贡献，在此我衷心祝贺社会科学文献出版社。在以往的三十年中，我真正见证了社会科学文献出版社从一个默默无闻的出版社变成学术出版领头羊的过程。

下面我简单谈一下关于全球史研究和学术出版的一点想法。

---

[*] 李雪涛，北京外国语大学教授。

一 全球史研究

1. 全球史（Global History）概念，最初是从所谓的普世史（Universal History），特别是基督教历史学家那里来的，因为他们认为历史一定会有一个来自上帝的意志来主导。后来也有一些汉学家也会从普世史的角度研究中国，例如德国著名的汉学家施寒微（Helwig Schmidt-Glintzer, 1948- ）所撰写的教授资格论文，就是从《历代佛祖统考》和《佛祖统纪》等佛教宗派的文献，建构中国的普世史。因此，在他们看来，普世史作为历史一个形态来看待的话，在中国也是存在的。

2. 世界史（World History）。世界史在中国作为历史学科门类下的一级学科拥有众多的研究者，中国社会科学院也有专门的世界史研究所，这是有关世界不同地域和国家的历史。世界史除了作为"他者"来研究外，同时对"自我"也有着深远的意义。作为他者的世界史，对他者的感知交往反映出的不仅仅是他者，同时也反映出自我对他者的想象、建构、阐释的模式。因此，世界史在某种角度上也构成了反思自我、反思历史的一种重要视角。在后现代主义思潮发展进程中，作为殖民主义产物的民族志学、人类学在经历了解构之后，文化上他者、异族不再是被征服的对象，而获得了重要的建构意义。福柯（Paul-Michel Foucault, 1926-1984）提出"外部思维的视角"，为反思主流话语、经典建构机制提供了基础，因此作为他者的世界史对自我建构本身也同样具有影响。从这点来看，世界史已经不仅仅是外在的东西。

3. 全球史。第二次世界大战以后，随着经济全球化的加速，全球一体的观念愈来愈成为学者们的共识。1963年美国历史学家麦克尼尔（William McNeill, 1917-2016）的《西方的兴起：人类共同体史》（The Rise of the West: A History of the Human Community）的出版，标志着"全球史"的正式登场。

全球史在内容上超越了中国史、世界史的界限。从目前我国历史学科的划分来看，有考古学、中国史和世界史，按照这样的逻辑来思考，世界史就变成了外国史。而全球史才是真正涵盖中国史和外国史的整体历史。从方法论上来讲，全球史以广阔的视野和互动的视角来考察历史，不单纯从某一民族国家的立场出发，对整个世界历史进行分析。从研究对象来看，全球史以跨国家、跨地区、跨民族、跨文化的历史现象为研究对象。从近些年来出版的有关全球史的学术著作来看，诸如鸦片、郁金香、茶叶的研究，已经不再是某一个领域、某一个国家、某一个时代所特有的现象，而变成了全球史研究的对象。

2014年10月我们与德国国家科学院举办了一个会议，主题是欧洲与东亚在近代知识迁移中的互动以及对现代化进程的考察。欧洲和东亚在近代知识的迁移不仅仅是科学技术从西方迁移到了东亚，也包括宗教、美学等，从东亚传到西方，这样互动的过程基本上打破了民族国家的界限，不再是中国和德国之间的交流和互动，而是涉及到整个的欧洲世界。德国传教士卫礼贤（Richard Wilhelm, 1873-1930）曾经将《易经》翻译成德文，后来很多的译者又将这部德文《易经》翻译成了法文、意大利文、英文等西方语言。将研究对象置于广阔的网络系统当中，从互动中理解历史，才能真正理解近代以来的很多历史现象。全球史最重要的是反对任何的中心论，不仅是破除西方中心主义，同时也破除了东方中心主义，运用跨学科的研究方法解决问题——到目前为止已经没有任何学科可以用单独、唯一的方法来进行研究。实际上，大航海之后整个世界已经融为了一体，今天已经很难把任何角落或地域作为单独的个体来做研究了。

全球化的趋势依然在不断增强，全球史的研究目前在世界各国成为方兴未艾的新兴学科，在中国也是新的学术增长点。中国在全球史当中扮演着非常重要的角色，这从彭慕兰（Kenneth Pomeranz, 1958）的《大分流》以及其它相关著作中，可以明显感受得到。不论是《大分流》，还是《白银资本》，对丰富中国学术界的研究方法，都起到了非常重要的作用。

二 思考和建议

每个学科所要翻译的书目应该由这个学科的中外专家共同讨论，学术界应该为此做适当的分工。在学术评价中，我认为要慎言"学术创新"和"填补空白"这样的词汇，因为我们大部分人都在做学术传承，做基本的翻译工作。我们的翻译工作——即汲取世界文明养分的工作永远不会终结。近代以来日本学界对西方学术的吸收很值得我们学习。他们所翻译的西方学术著作，常常让我们叹为观止。我自己做德国哲学家雅斯贝尔斯（Karl Jaspers, 1883-1969）的翻译和研究工作，至20世纪60年代在雅斯贝尔斯还活着的时候，日本学者就翻译了20~30种他的著作。前些年我去了雅斯贝尔斯的藏书馆,在他的1.2万册藏书当中,有几十本日文书,包括他的著作的不同时代的日译本,以及一些研究著作和论文,而汉语译本一个都没有,中文图书只有在他去世后购入的两种,其中一种是社会科学文献出版社出版的《大哲学家》。因此,图书的引进要从学科出发来进行整体设计,不然的话,只是各个出版社个别引进,很难有一个系统性。

雅斯贝尔斯著作的日译本,基本上都是理想社出版的,他们有一个整体的规划,其他的一些出版社,也会出一些零星的译本,但最重要的书都在理想社的系列中了。这样做的好处是,不同出版社逐渐会形成自己的学术传统。例如白水社主要是出版音乐文化史的出版社,他们将奥地利作曲家莫扎特的书信集全部翻译出版了,而这些书信在英、法语世界,也没有出全。因此,日本有关莫扎特书信的研究,也是世界一流的,因为日本的学者成为了德语学者外,能够看到最多莫扎特书信的群体。因此,中国学术出版任重而道远。

以全球史著作的翻译为例,其实除了英文、德文、日文著作之外,其他语种绝少被翻译成中文,这也是大问题。俄语、法语、意大利语、西班牙语、葡萄牙语相关研究成果也特别得多。为什么我们只关注英语世界,只关注日语世界。前段时间我去保加利亚开会,也看到一些有意思的有关全球史的著作,因为它们的学者能使用俄语和东欧很多种文献,这些是欧美学者所不具备的。很多的书我们闻所未闻的,罗马尼亚语、捷克语的书籍对中国学界和出版界来讲是不存在的,但这些都是非常丰富的资源。如果我们能够借鉴这些资源,这对中国的学术来讲是难得的机遇。

此外,我认为翻译著作本身肯定不是目的,中国全球史研究要有所突破。比如西方提出全球化观念，全球史研究的各种各样的方法、研究的范式，东亚或中国、日本、韩国学者对于全球史的问题有哪些方面的回应，此类的著作我们当然要同步出版。所以，中国的学术出版社还应该有另外一个使命，汉语在短时间内没有办法成为国际通用的学术语言，社会科学文献出版社应当用西文和与西方学者共同出版中国学者相关的研究成果，从而形成真正的互动。

圆桌论坛

全民阅读时代的专业阅读

主持人： 程三国　百道网 CEO
与谈人： 刘苏里　北京万圣书园总经理
　　　　　唐代伟　陕西嘉汇汉唐书城董事长
　　　　　邹　进　北京人天书店董事长
　　　　　张明扬　《东方早报·上海书评》主编

程三国： 全民阅读时代是出版人喊出的美梦式的口号。中国13亿国民大家都读书这是多么美好的事情。当然,这是不可能的。尽管离全民阅读时代还很遥远,但政府和各界也在往前推动,包括立法,有很多的资源投入阅读,做了很多活动。我认为专业阅读可以是全民阅读的升级版,读而优则专。今天这几位对谈的嘉宾都特别适合谈这个话题,他们是阅读品质和专业水准的把关人,万圣是个标杆或符号,是专业阅读的代表;嘉汇汉唐不仅有专业凭证,还有规模;人天做图书馆市场,是专业市场;《东方早报·上海书评》是最有口碑的书评媒体,在北京的文化学术圈有口皆碑。

我发现书店,特别是很多新华书店、专业书店(民营书店)、独立书店、大卖场越来越重视专业阅读,至少今天来的各位朋友是重视专业阅读的。书店想要销售额就要畅销书,但要影响力肯定来自专业阅读。

今天的主题非常轻松,先请各位就这个题目表达精华观点,然后我们再互动讨论。首先有请刘苏里先生!

刘苏里:大家下午好!我入行差不多22年以来,每天干的事情就是在促进或鼓动更多的人加入专业阅读的行列。专业阅读指的是什么呢?我认为,把专业阅读再具像化一点,可能更有助于大家理解这件事,就是问题式阅读。

我们这样的大国,过去是奔"四化",现在是奔现代化。在全球化进程中,有太多的新问题和老问题同时涌现,每天迎面而来的是各种不可知的问题,这时候怎么办?

首先就是全球化的问题。面对这些问题时我们到哪儿找到探索问题的路径,入门是什么呢?就需要所谓的专业阅读,也就是问题阅读。

你想解决问题,想找到解决这个问题的门径,那么就到我们书店来看看我们为这件事情所做的努力。

程三国: 苏里把这个事说的很有专业水平。他刚才说的问题式阅读很专业。下面有请邹进!

邹　进: 关于专业阅读我有这样的想法,你想做什么、我想做什么和市场需要什么,这是两个问题。比如要规模、要码洋,就要做大众图书;要做品质、影响力就做学术图书。我认为人天还是把这两点结合得比较好的,我们要了解市场需要什么东西,我们面对高校图书馆、大型公共或专业图书馆,要考虑图书的类型;有学术类图书、大众类图书,还有在中国特殊类的教育教辅。大众阅读解决了一些娱乐问题,但当我们面对的市场是研究类的市场、研究类的图书馆,自然要做学术类的图书,这有一个很有意思的现象,我们和科技类、学术类的出版机构合作得非常紧密,我们的总码洋在学术出版领域里和当当差不多,甚至某些书会超过它,因为学术类图书一定要依赖馆配商这样的渠道推行下去,而不仅仅是通过大众的零售商。

程三国: 谢谢邹进,人天作为专业图书馆和专业出版社服务的馆配商也是需要相当专业。

唐代伟: 在社会科学文献出版社成立30周年之际,再次参加学术出版年会我很感动，这么多年谢寿光社长反复与我们交流，社科文献出版社也和我们合作多年。过去我们是学术型机构，当时我们提出的宗旨是服务学员、贡献社会，但我们遇到商业的学术尴尬，过去很多书店卖的都是少儿、文学类图书，学术图书很少。

学术著作出版本身是面向教学和专业知识有需求的群体。这么多年我们做学术图书基于两方面，一是尊重市场，二是社会担当。学术书覆盖面很小，阅读的群体很专业，有些读者对图书的学术价值要求很高，大量做学术研究的人对图书的需求量都是很大的。所以，做专业图书很大程度上既要抓市场，又要有对学术的追求以及对社会的责任和担当。

用专业的学术图书去服务专业读者群体。我想能在社会科学文献出版社成立30周年之际参加学术出版年会，你们的这种担当和责任确确实实令我们很感动，我们不仅要抓市场，更要抓图书应该做什么，给谁服务的问题。

程三国： 谢谢唐总表达的责任和担当。下面欢迎张总！

张明扬： 谢谢！我刚来时和刘老师差不多，对"专业"这个词的立意不是特别清楚，我们一般不从专业阅读、全民阅读这种视角来选书，我们更喜欢用一个词叫"公共阅读"，我们理解的公共阅读，一是它有一定的公共性、普世性，比如一本哲学书，不仅写给历史爱好者看，文学爱好者也爱看这本书。二是公共阅读者他们是带着对世界和中国的很多思考阅读的。三是它有一定的专业性，它的写作未必专业，但至少专业不会有硬伤，是得到专业人士认可的，我认为公共阅读，是一些大师或专业人士写的相对面向大众的书。

程三国：首先在专业上过关，其次是公共性，不能就几个人看得懂，我有时候到刘苏里那儿挑书潜意识里也是这样的，非常专业的书我挑我能看得懂，别人也能看得懂。

刘苏里：我再补充一下明扬的说法，延伸一下话题。他提出带着问题阅读，有些书不能太专业，要更公共化，我的理解还是要调整到问题意识上来，公共阅读是对的，在更广的范围内推广的原则也是正确的选项，重要的是路径、答案，或者思考的材料。专业阅读牵扯到上游和下游的问题，我们在上游、下游都有很大的问题，我们改进的余地在什么地方，说上游下游的时候我把自己当中游，书店是个中游，中游的问题就更严重。

所谓上游是谢寿光社长这样的生产商，还有谢寿光社长之上的生产商，比如译者和作者。专业生产商的质量取决于专业生产能力，我知道谢寿光社长的初衷，呼吁大家在学术图书出版专业化上下一点功夫，多用一点心思。但事实上，我们放眼望去六百零几家出版社，学术出版领域"马太效应"越来越明显，越来越集中在30~50家出版社。我刚入行时，在一些边远出版社，包括四川民族出版社、兰州大学出版社、贵州美术出版社都能找到学术图书。专业阅读对专业生产的要求是多元的，现在集中在若干家其实是有很大问题的。为什么欧洲出版巨鳄想收购传统的有特点的出版社经常碰钉子呢？就是我不愿意加入你挣钱的行列，我还是愿意保持我的特点。

关于下游的问题，谢寿光社长今天整个会议的大主题是"评价"。谢寿光社长把这个事全揽在自己的怀里，说专业阅读的标准评价是他的责任，我相信还应有一个更广泛的系列评价机制、评价标准。现在真正的批评非常少。这个批评与我们对它的需求简直差的十万八千里，这种专业的评价没有的话，在专业书海中，别说普通读者，相当资历的读者一进去都会两眼一抹黑，他根本不知道看什么书或怎么看一本书。带着问题来阅读的话，要加强下游的评价体系、评价标准，这个评价标准相信会有争论，至今在这件事情上，它的水平远远低于学术图书的生产，我们应该追问评价水平之低的制度性原因在什么地方。

程三国：苏里帮我们把这个题目引向深入。刚才各位把专业阅读的事基本分析出了眉目来，下面要看专业阅读的链条、环节怎么改进，怎么优化。前面讨论的主题都是评价。下面明扬再发表一下看法。

张明扬：评价我可能没有资格讲，只能从图书评论角度说说。在健康的环境里，出了一本学术上会有一些硬伤、学术缺乏创见或有问题的书，会有一些批评，来自同僚和与你同一层次或比你更高程度的学者。但国内大家互相尊重或不愿意撕破脸，很缺乏这样的东西。我们曾遇到这样的情况，请一位作者写一篇批评文章，他就说，我明年还要出书呢？我今年批了他，明年他批我，所以我做人留一线，日后好相见。因此，我们缺乏一个健康的学术环境。在西方书评为什么重要？有一位学者写了一本书，他非常激动，非常紧张地等待纽约书评或伦敦书评，非常期待来自学术圈对他的评价、赞美，他非常希望有这样的东西，在国内还没有形成健康的学术书评体系。有时候在报纸上会看到批评文章，是带私怨的，从头批到尾，这也不是健康的环境。

程三国：明扬表达了他敢发批评文章，但没人敢写的困境。所以我们需要更加努力。

邹　进：关于书评，我这个人生活中有一个习惯，每个周六都非常愉快，因为我订了《新京报》，晚点来我就会着急，因为那上面有书评周刊，这份报纸是我每周必看的，报纸看完之后我会把书评周刊单独放起来，另外的部分就扔掉了，它每周帮我梳理一下，有的书看看介绍就可以了，有的书比较好，我会去韬奋书店夜场买点书。这里说到评价问题，我是做图书馆的，可能要从这个角度来说。

刚才谢寿光社长在演讲时提到，出版社要出好书，这是对的，当然我们国家对出版社是集中式管理。如果我有钱出本书行不行？其实是可以的，中国文化人都有出版一本书的冲动。我们现在还没有放开，2013年出了25.6万种书，再加上再版重印的共有44.2万种，2014年的数据还没出来，我估计只会多不会少。

学术书，读者怎么知道你这里面哪本书值得读、哪本书不值得读。我们做评价体系是传统的模式，贝塔斯曼、书屋和书评周刊都是这么做的。但对我们图书馆来说问题就出现了，图书馆不可能等你把书评价完了再买，而且图书馆不是个人藏书，2000种书很好评价，很好选择。但如果一个人一年需要买3万种书，怎么在这40多万种书里把3万种书挑出来。

东北师范大学有一个图书馆研究所，把以往出过的书拿出来进行评价，按照一定的筛选法和专家评价法，甚至用大数据技术评价，但评价完了，核心书目建立起来之后是过时的东西，只能评价以前的馆藏体系是不是合理，书买完了也不能退。这是很普遍的情况，核心书目出来之后和馆藏匹配，不要说50%，甚至30%都做不到，你买的书和同类书比对30%都覆盖不了。我们想应提前建立一个核心书目体系。

做期刊的都知道核心期刊，但图书140万种，你怎么评价？这是需要计算机的，我们可以用数据仓库的方式对它进行评价，这是人天书店提出来的要建立"好书因子"，首先要评价是不是好的出版社，然后通过对作者的评价，再加上舆论，综合起来构建"好书因子"，没有出版的书我也可以打分了，通过这种方式把专业书筛选出来。这是大数据时代，我们可以有所作为，能把好书推荐给图书馆，最终推荐给读者。

程三国： 谢谢邹总，他通过大数据在一本书出生之前就确定你的基因好不好。我们主要是为卖场做事，邹进的目标更加宏大，非常希望你们的目标早日实现。

刘苏里： 专业阅读对整个链条都有要求，刚才说专业的出版，其实更重要的是还要有专业的呈现，或问题式呈现，我为什么让大家看一下我们这样的书店在物理意义上给大家视觉上的感受和意识上的冲击，我们很多年来就是为专业阅读服务的服务商，我经常想不承认自己是服务商，我认为我们首先是制造商。

程三国： 你是集成商。

刘苏里： 我们就是要制造产品。但要讨论这个制造是以什么为核心和轴线来做的呢？这是问题，比如中东问题、"三农"问题、城市化问题、全球化问题、公共知识分子问题。我们经常要做这样专题式的产品。

程三国： 你是说卖场还是呈现？

刘苏里： 是呈现，这种呈现很大程度上和邹进讲的大数据有点关系，只不过你那里确实是用计算机来做的，而我们用的是大脑。我理解的专业阅读，对专业呈现、专业生产和专业评价本身有个性化的要求，你那边能解决75%~80%的问题，我来解决剩下的问题。从明扬的角度上讲，要想解决公共阅读，问题式引导是非常困难的。因此，专业呈现或专业划分能够引导专业阅读或问题阅读。

程三国： 你们是互补的。

唐代伟： 对，我们是做零售的，以前我们号称专业书店，以专业图书为主，教辅、少儿我们根本没有。现在成为书城我们变得大而全了。全民阅读是指全方位的、民众能读得懂的阅读，它的专业属性是很弱的。过去我叫汉唐书店，也是走学术路线，主要是把人文社科方面的书作为我们的销售对象。从零售角度来讲这个市场还是稳定的，政策层面多一点，一般是卖给教研机构、学校多一点。

我们也是从专业书店走向了大而全的综合书店但是我们销售排行前面的一些出版社几乎是专业出版社，专业出版社还是有它专业属性的，虽然它的书的读者群还是搞教研、科研、研究的少部分人，但他们的购买能力是很强的。全民阅读不一样，大量在于推广，在于亮点。最近讲全民阅读我们搞的活动也比较多，每周都在搞活动，这是两个渠道，过去是做专业图书的，我们和邹总是一样的，刘老师到现在都在把握专业图书的品质。现在我们搞全民阅读活动，也是在引导群众对图书的需求。现在我从服务学人走向了运营大而全的书店。我们希望推出更多更好的图书。但在目前的专业情况下，我们的全民阅读做得还是比较少，更多精力放在专业图书上，大量走学校和专业读者群体购买路线。

程三国：谢谢代伟，大众阅读是专业阅读的基础和土壤，如果没有大众阅读，专业阅读是无源之水。今天通过几位嘉宾的精彩分享，尽管我们对全民阅读时代能否到来，全民阅读梦想能否实现依然不太确定，但对专业领域的范畴和方向我们讨论出一些眉目了。我用当今最流行的一个词来表达一下我对专业阅读也许是一厢情愿的愿望，我希望专业阅读、学术评价等，大家今天讨论的话题，关心的事成为大众阅读的新常态！

中国学术出版十年（2011~2020）

2016

学术出版与学术市场

谢寿光[**]

迈向2020：拥抱中国学术出版的美好时代[*]

摘要： 按照国际惯例，出版分为专业出版、大众出版和教育出版。服务于社会精英阶层的学术出版是人类出版活动的基本组成部分，属于专业出版的范畴。中国的学术出版创造过辉煌的中国古代文明，及至近代，也处于世界先进水平。21世纪以来，中国学

---

[*] 本文是国家社会科学基金重点项目"中国学术图书质量分析与学术出版能力建设研究"（批准号14AXW006）的阶段性研究成果。

[**] 谢寿光，中国出版协会副理事长，中国社会学会秘书长，时任社会科学文献出版社社长。

术出版迎来了新的"美好时代"：全社会的知识需求旺盛，学术产品供应与学术产品消费双向增长；学术产品的消费占比将持续增加；当代中国研究引发热潮；中国学术出版能力快速提升。学术出版机构只有恪守用心、专业、创新、共享的理念，才能真正拥抱学术出版的明天，真正拥抱学术出版的美好时代。

关键词： 学术出版；学术市场；机遇

2016年又是一个重要的年份，正值十二五规划收官，十三五规划开局。党的十八届五中全会做出《中共中央关于制定国民经济和社会发展第十三个五年规划的建议》，为实现中华民族伟大复兴中国梦的第一个百年做出全面而又具体的战略决策和战略部署。面对中国经济进入新常态和复杂多变的世界经济社会发展形势，要实现全面建成小康社会的紧迫任务，首先必须要有一个繁荣活跃的思想市场，要真正形成以学术市场为主体的健康有序、活跃繁荣的思想市场，而学术市场的繁荣和发展则有赖于学术出版的繁荣和规范。

近年来，我探讨过中国书业与学术出版的关系，分析过中国学术出版的现状、问题和机遇，对于中国学术出版在对外话语体系建设中应当扮演的角色，学术出版机构在推动学术评价中所能发挥的重要作用也做出过论述和判断。中国学术出版面临很多问题，但机遇更大，包括社会对创新型知识的需求越来越迫切、学术出版作为专业出版的主体已经成为中国出版业的一种自觉，今天看来，不仅这种行业发展的趋势越发明显，而且在现实中，已经有人抓住了这样的机遇，获得了很好的发展。

一 如何理解学术市场和学术出版

2015年国家社科基金重点项目"中国学术图书质量分析与学术出版能力建设研究",对于学术出版、学术、学术市场等概念的内涵与外延进行了逐一界定。从字面上理解,学术市场就是学术产品交易的场所。学术,是指系统专门的学问,泛指高等教育和研究,是对存在物及其规律的学科化。理解学术的关键在于理解学术是一种研究、一种专业性活动,是从已有知识、经验出发探求未知事物和知识的行为。

关于学术功用有两种理解。一种认为,学术是无用之用的学问,研究唯兴趣所至,不讲功利;另一种认为,学术是经世致用的学问,强调研究的功用。而要完整地理解学术,就应该既讲"无用之用",又强调"经世致用"。这两方面是学术研究的不同侧面或取向,前者通常指学理性的研究(人文学科),后者指应用对策性研究(社会科学)。这两者之间的区分也是相对的,两者常常交叉和相互转换。

作为整个学术链条中的重要环节,学术出版是指学术作品经过评审、编辑加工和复制向受众传播的专业出版活动。学术出版是学术成果的载体和传播平台,是人类出版活动的基本组成部分,也是学术研究不可或缺的组成部分。它服务于时代,承载着思想传播、文明传承、资政育人的功能。学术出版是专业出版的基本门类之一,它处于整个出版产业的顶端,代表一个国家学术研究和出版产业发展水平,是国家文化软实力的重要衡量标准。

学术出版也是学术市场的主体之一,它承担了学术产品的交易和传播功能,是学术价值得以实现的基本环节。

二 "十三五"时期,中国学术出版面临的机遇

当下,中国经济从高速增长阶段进入中高速增长的"新常态",但是我认为在未来五年,甚至更长一段时间内,学术出版、学术市场的表现和经济的表现应当是有所差异的。虽然人口红利不再,但新常态下的转型就是要寻找改革红利。对于学术出版来说,它恰恰迎来了双重利好的叠加。

第一,学术产品供应与学术产品消费双向增长。"十三五"时期,中国进入全面建成小康社会的决胜阶段,国家和社会对人文社会科学知识服务有巨大的需求,这将推动人文社会科学研究特别是新型智库建设的更大发展;与此同时,科学技术在大数据时代也呈现加倍发展的态势。因此,无论从学术的供应端还是消费端,都将呈现双重利好叠加的态势。

第二,学术产品的消费占比将持续增加。2015年,中国人均GDP达到8400美元,迈入中等收入国家行列,数以亿计的中产阶层对学术出版物,尤其是对满足其深度阅读需求的人文类学术图书,其消费支出占比无疑将持续增加。数字时代的年轻人并非都是在浅阅读、轻阅读或快速阅读。我做过一些数据的分析,2015年中国的实体书店实现了正增长,当然这个正增长和国家的政策支持有很大的关系,但也说明人们深度阅读的需求开始释放出来。依靠国家的支持、全民阅读的推广,图书市场的销量明显增加了。另外,中国人文化消费支出占年消费支出的比例是非常低的,年人均购书额到2015年为止不到50元,假设每年增加10元的消费支出,可想而

知,一年将增加多大的市场!

第三,当代中国研究引发热潮。中国已成为全球第二大经济体,中国尤其是当代中国已成为世界热门话题,全球思想市场中关于中国学术的比重将持续上升,中国已成为学术论文、学术图书的第二生产大国;同时,世界几乎所有的知名高校都在开设有关中国的课程乃至设立当代中国研究中心。我国大众图书想进入西方的图书市场很困难,但有关中国内容的学术出版物在国际市场将持续热销。无论是纸质书还是电子书,都会有很大的空间。很多的出版业同行都知道,最近几年,国际上大的学术出版机构都纷纷加大对中国的投资,这对我国的学术出版绝对是一大利好。

第四,中国学术出版能力快速提升。传统出版经过互联网的洗礼、淘汰,正在焕发新生和活力,学术出版作为专业出版的一个重要门类基本得以在中国确立,中国的学术出版能力近几年得以快速提升,其中有部分国内学术出版机构已具备与国际大牌知名学术出版机构合作、对话的能力。仅以社会科学文献出版社为例,我们早在十年前就与荷兰BRILL出版社合作出版了皮书系列的英文版图书,与Springer出版社合作了"当代中国经济报告"系列图书。至2016年,我社已出版外文版皮书近百种,除繁体中文外,涉及英文、日文、韩文、俄文等多语种。

三 学术出版机构如何拥抱中国学术市场的美好时代

作为有着五千年文明传承的文化大国,中国的学术出版并非落后,在五千年的文明传承过程中,在人类的文明史上,中华民族的文化从未中断过，中国古代的出版一直在创造着人类历史的辉煌。乃至近代，尽管当时整个国家面临着内忧外患，但出版业仍能保持与世界先进水平同步。二十世纪二三十年代，商务印书馆和中华书局仍然代表着亚洲最高的学术出版水平，和世界顶尖的学术出版水平是同步的。改革开放尤其是21世纪以来，中国学术出版业迎来了"美好时代"。一方面，从需求端来说，全社会对于创新型知识的需求越来越旺盛，而这种知识的整合、传播恰恰是学术出版的功能；另一方面，从供给端来说，世界科技发展日新月异，中国经济实力不断增强，国家支持政策为中国学术出版走出去提供了条件，① 中国学术出版能力也因此得到了极大的提升。

2015年是社会科学文献出版社建社30周年，作为学术出版一线的从业者，借用我们建社30周年发布的八字社训：用心、专业、创新、共享，我想表达以下几点愿望：

——用心。怀揣对学术的敬畏之心，尊重学者，用心做好每一部学术图书。

——专业。恪守专业立场和专业操守，做专业的价值发现者和学术产品的看门人，不让伪劣、平庸之作流入市场。

——创新。创新是时代的通则和永恒的主题，切不可把创新虚化，学术出版的创新是贯穿于出版全过程的具体行动，从内容到形式，从产品形态到市场推广，为学术出版者留下了足够的想

---

① 邬书林：《要不断加强中国学术出版和走出去》，《中国新闻出版报》2013年8月15日。

象空间和发挥的空间。

——共享。这一互联网时代的基本特征,在学术出版领域的主要体验,就是要把学术出版打造成一个作者、出版者和读者的共享平台,成为互联网互联互通、利益共享的学术共同体。

让我们共同携手,奔着这个美好的时代努力!

参考文献:

邬书林:《以更大热忱推动学术出版发展》,《中国新闻出版报》2014年1月9日。

邬书林:《遵循规律 扎实工作 精心抓好新闻出版行业标准化建设》,《出版发行研究》2012年第8期。

郝振省:《学术出版如何由"大"到"强"》,《光明日报》2013年1月29日。

中国学术出版十年（2011~2020）

贺耀敏*

学术出版的五大利好

我有着双重身份，既是一个学者，又是一个出版人。2002年我满怀学术热情到人大社担任社长。如今，人民大学出版社在全体员工的努力下已经真正实现了转型。在这里，我很愿意表达我对学术出版的乐观态度，我认为学术出版大有可为，面临五大利好。

---

* 贺耀敏，中国人民大学原副校长，时任中国人民大学校长助理、中国人民大学出版社社长。

一 中国经济快速成长呼唤学术出版大发展

中国从总体上已经进入中等发达国家的进程,这是中国学术出版的一个极其重要的大背景。中国现在经济发展的速度相当快,在各个方面都表现出前所未有的繁荣局面。一是中国经济快速增长得益于积极有效地参与了全球化。我研究了现代化史,很多国家在参与现代化的进程中被边缘化了,中国不但没有,而是越来越走向世界经济的核心。二是中国开始成为世界体系和世界规则的积极参与者和制定者。我们想把我们和发展中国家的愿望表达出来,想把我们和发展中国家改变规则的要求表达出来,希望世界规则能够顾及各个方面的要求,这方面中国的发展会越来越明显。中国参与经济全球化一定会改变世界经济政治的版图。三是中国未来的发展仍需要更大程度、更大规模地参与到世界经济中,现在提出的"一带一路"倡议和建立亚投行等都很有价值。

世界文明发展是物质与精神相互作用的结果,这是最典型的政治经济学,简单说就是经济和文化相互促进的过程。在这个过程中,没有学术文化的发展,就不可能保持得住文明。这些年中国付出了巨大的代价,在我们享受丰富物质的同时,我们也看到了在我们自身以外的环境越来越恶劣,我们看到了巨大的浪费,我们已经无法支撑自己的消费,这些都引起了我们深刻的思考,想矫正消费行为还是要从文化着手。

在人类历史发展过程中,我们可以清楚看到,一个国家经济社会结构的变化一定伴随着文化、文明的大发展。在不同的文明交融、交流、交锋当中，文化的版图也在发生深刻的变化。中国学术之所以能够发展，是因为中国在整个文化版图中的地位也在发生着深刻的变化。中国学术经历了近百年的沉寂、数十年的积累，现在应该有巨大的能量。我们下一代文化人比我们更具有创新意识和创新愿望，我们这代人的宽容或者开放可以使我们下一代的学人走得更远、做出更多的贡献，中国文化的学术发展正处在蓄势待发的阶段。

二 中国话语体系构建的急迫性需要学术出版大发展

学术话语体系的建立，必然会促进中国学术出版的大发展。要着力打造融通中外的新概念、新范畴、新表达，增强中国在国际上的话语权刻不容缓。过去中国是一个封闭的社会，对别人来讲我们是陌生的。十多年前我们到美国时，在威斯康星州的一个小城市，当地人见中国人都觉得新奇。有一个大学的副校长邀请我们到她家作客，为了表示热情，她在家中挂着不少中国的诗词绘画作品，但是几幅都挂倒了。我们大家都很善意，没有人说她挂错了，觉得这样会很伤她的感情。世界在看中国，刚开始有可能就是一个倒影，我们希望把这个倒影转过来。

三 中国智库建设和智库成果拉动学术出版大发展

大量学术成果、智库成果的出现使出版流程发生了巨大的改变。智库成果从一定意义来讲会拉动学术发展，这方面国家给予的支持和要求也会越来越多。第一批国家25个设立的智库一定会使中国的学术研究质量和学术出版水平上一个新的台阶。智库研究不是个人化的研究，越来越依赖于数据库和时政调查以及严密的科学支持，这是以前没有的。世界一流大学和一流学科建设必将对中国学术发展起到巨大的推动作用。

四 互联网快速扩张加速了学术出版的大发展

互联网的快速扩张改变了现在的学术生态。对于学术的发展、学术思想的活跃，怎么评价都不过分。现在不再像过去那样靠长期的知识积累来解释问题，而是更多依靠瞬间掌握知识和信息的数量来决定你是否具有说服力。我们的学术已经走向大众。作为一个做出版的学者，我希望从学术出版的内部把学术的大门打开；作为一个出版人，我希望在学术之外，通过我们的努力把这个学术的大门推开，希望学术走向大众。

五 学术规范建设净化了学术环境，助推学术出版大发展

20世纪90年代末，教育部在制定哲学社会科学"九五"规划时就提出了加强学术规范建设的问题，后来促成了教育部在2002年出台了关于学术道德和学术规范建设的一个文件。现在学术规范越来越严密。我希望中国加快形成自己的"芝加哥手册"，助推整个学术出版越来越规范，希望它有更加广阔、光明的未来。

张小劲[*]

从政治学角度观察中国学术出版市场

从政治学角度观察学术出版和学术市场，无疑可以带来新的思考。这是我应邀在本次年会上发言所想到的题目，也是要与在座各位分享的一些探索性的思考。

在中国的政治生活中，政治学者经常会仔细地研究政治文件。党的十八大以来的政治文件相较于过去已经全然超过了我们政治生活中的传统的新闻词汇、概念和背后的理

---

[*] 张小劲，清华大学社会科学学院政治学系主任，教授，博士生导师。

论支撑。我们当下所讨论的"治理"以及相关联的词汇,例如"治国理政""国家治理""政府治理"和"社会治理",以及更多的"互联网+""供给侧改革""结构改革"等等,都是来自政治文件。有意思的是,这些由政治文件所推出并且为日后的政府决策和行动设基定调的重要词汇,无疑是有强大的学术支撑的,同时,经由政治文件所转换、凝炼和提升的特定词汇,又会对学术研究提供了巨大的刺激。我们可以看到,政治文件中的重大观念、关键理论,以及其中所包含着的治国理政重大方针的调整、变迁和创新,又一次把学术研究推向了前台。在我看来,学术市场不仅仅是思想观念的竞相呈现和竞生共处,更包括学术图书的出版市场,而学术出版以其表现形式所特有的成文性、稳定性和连续性,突出了其内涵所特有的探索性、前驱性和引领性。在这个意义上讲,坚实的学术基础可以让国家治国理政的重大决策建立在科学的基础之上,治国理政的重大决策演进可以让学术探索获得更加广阔和丰富的成长空间。而在这两者之间,学术出版充当着不可或缺的角色,起着联结政界和学界的桥梁和纽带作用。学术出版人以高超的学术敏感、专业视野和学养格局,弃砾拾琼、披沙拣金乃至混沌炼玉,发现优秀的学术作品和提拔学术新人,推荐和推广深邃的学术观念和理论,进而沟通了学界与政界;又以高超的学术自省、理论嗅觉和责任担当,因势利导、张扬光大以及推波助澜,探索和开掘富有重大意义的政治观念和治国理念,因而联结了政界与学界。

作为一个学者、一个读者、一个教书匠、一个图书的使用者,我们与出版人的身份差异会带来不同的观察结果。我非常赞同社科文献出版社出版社社长谢寿光所提出的"拥抱中国学术出版的美好时代"判断,更想补充一些细具的观察。

第一,中国学术的历史机遇。作为世界上规模最大的政治生活共同体,中国社会的发展转型、中国政治经济的历史进程,已经且还将为人类社会提供有史以来规模最大、速度最快、独一无二的丰富实践;中国发展的历史进程集中地展示了多样性、丰富性和复杂性,并由此为社会科学的诸多关键性研究主题,比如脱贫减贫、经济增长、社会转型、政治发展以及现代化、城市化、互联网化、数字化等等,提供了前所未有的极其丰富的研究素材。这种独一无二的社会实践为研究者带来了历史性的机遇,这个伟大的历史进程打开了中国未来学术发展的巨大空间和发展机遇。

因此,中国学者面临着重大的机遇和挑战,这也是中国学术出版人的历史使命。但就过程而言,中国学者的工作极具个人化和碎片化,但学术出版却是有组织的,以一种集群化的、整体化和机构化的方式进行学术知识的再生产。在这样的知识再生产的流程当中,不同的人群承担着不同的角色,也有不同的工作要旨。学术出版人在这方面有着先天的优势。中国的学术出版人应当着眼于运用和推动形成中国经验的经济社会科学新范式、新理论和新方法,带动中国学术从世界学术研究的边缘走向中心,同时,关注中国转型的重大问题,为中国社会不断前行提供新的知识,为重大挑战提供舆论解决方案。中国学术出版人的鉴别能力、评估能力、挖掘能力,正是在这个意义上体现的。

第二,中国学者的代际转换和中国学术出版的品类。最近一个时期学者的代际转换成为一个热门话题,其中最典型的表征就是"50后"的学者开始逐步淡出学术舞台。在我看来,如果说其他国家更多地是以间隔20年、30年、40年乃至于50年这样的生理年龄作为代际发展的标志，那么，在中国，由于政治发展的快速演化和突发事件的频繁更迭，我们这里的代际往往是以重大政治事件作为标志。"50后"的学者完整经历了文化大革命，又见证了改革开放的历史进程，现在又经历着全面深化改革的时期。通过历史的积累形成了有系统、有体验、有升华的认知经验，那么，将这种认知经验进一步转化为可传授、可传播、可扩散的知识，这也将成为他们重大的历史使命。

在履行这样的历史使命的过程当中，学术出版人承担了关键性的角色，因为这些可传播的知识，最常见且最可行的载体就是图书。在各类获奖图书当中，历史类的图书往往是品级最高的。这也说明，在学术的积淀当中，探索性越高的风险性越高，而对于历史研究来说积累性越强的可靠性也越高。学术出版人和学术出版机构要为历史类的图书保留必要的地位和体量，无疑是有重要意义的。我们应该努力使历史的经验传承下去，这对于当下中国，尤其是处在剧烈变迁和变化当中的中国而言，具有重要的意义。

第三，中国学界还面临巨大的转型挑战，学术出版人也同样面临着巨大的转型冲击。互联网时代、信息化时代和数字化时代的到来，新型科学技术的迅速发展、快速渗透和飞速迭代，为我们展示了无限的可能和巨大的发展机遇。甚至在历史最为悠久的政治学研究中，我们目前所面临的挑战，在主题领域，涉及的是改革政治学、转型政治学、分配政治学、信息政治学乃至科技政治学；就方法论而言，则是大数据政治学、计算政治学和实验政治学等全新事物的出现。中国数量庞大的互联网用户所产生的海量数据，为我们系统、深入地刻画社会和人类自身带来了无限的可能。对于学术出版而言，新的载体、新的样式和新的沟通工具，无疑对传统的出版技术和呈现样式提出了新的挑战，从刻写技术到印制技术所经历的百年千年，或许会在十年为期的短暂时间内发生根本性的变化。

但无论是新科技所带来的新挑战，还是新发展导致的新变化，在不变初心初衷的学术人和学术出版人的共同努力下，或以新的研究向度和领域进入研究进程，或以新的体裁和工具推进出版流程，进而必将成为向上向善发展的新动力。

正是在这样的期许下，我们希望中国学术出版走向光辉的未来，也希望社科文献出版社出版社走向更加美好的明天。

武宝瑞[*]

学术数字出版面对市场必须把握好的几个关系

学术数字出版目前就总体状态而言还处于起步发展阶段。在数字化浪潮席卷社会生活各个领域的今天，数字出版新的业态还没有形成成熟的模式。数字出版的初始推动者多为互联网企业，其目的是企业盈利的需要。学术出版作为文化传承的基本方式，在现代社会的环境中，其数字形态需要与出版所要求的相应的社会公信度、影响力、法律规则

---

[*] 武宝瑞，中国人民大学书报资料中心原主任。

以及学术品质检验、社会效益评价等要素形成有效关联，学术数字出版才能在社会和学术界立足。显而易见，当下的学术数字出版还没有达到这一水准。所以相对于传统学术出版厚实的底蕴，学术数字出版还处于爬坡和探索的阶段。学术数字出版在互联网时代所要应对的挑战还十分艰巨。

我们经常讨论互联网环境之下和数字技术发展对阅读和出版的冲击和挑战，充满了焦灼的危机感。实际上互联网时代对阅读和出版的冲击和挑战以及我们遇到的危机并不是颠覆性的。传统出版以往无与伦比的权威性实际上是靠信息不对称、纸媒霸权和单向的传播获得的，形成了只是从作者、编者、出版者到读者的单项闭环。互联网的普及使阅读的方式以及人们对阅读内容进行反馈的方式发生了根本性变化。读者在互联网上和作者、出版者完全平等，互联网媒体颠覆了传统媒体和传统出版者的霸权地位，细分了读者和市场，所谓的危机感只是无法独霸市场、单向左右读者的失落感而已。碎片化、跳跃式、娱乐性的阅读方式对传统阅读形成了一定程度冲击和改变，仿佛降低了阅读的品格。同时也要非常清醒地看到，这种改变正是难得的机遇，帮助我们区别和划分了大众阅读和学术阅读的边界。学术阅读是真正的深度阅读、研究性阅读和思考性阅读，有效区分大众阅读和学术阅读，对学术出版而言肯定是利大于弊。真正的研究性、思考性的阅读群体对阅读是有特定需求的。所以我们要借助数字化技术和互联网平台，客观地分析和认识大众阅读和学术阅读，如果鱼龙混杂，企图把学术阅读的对象泛化为大众，则会对学术数字出版带来不必要的负面影响。

坚守学术数字出版的学术本位，在学术和市场两个不同平台上寻找生存空间，出版机构在学术数字出版方面探索未来、谋求发展，需要处理好的以下几个关系。

第一，内容与技术。学术数字出版的原生推动力不完全是出版机构自身发起的，学术数字出版是政府倡导、技术推动、舆论造势和出版发展需求合力之下产生的结果。最初有过误解，认为数字出版主要是技术性问题，随着对数字出版认知的深入，大家都有了明显的转向，就是确立了内容永远是核心的观念，内容在数字出版过程中始终起决定性的作用。数字出版成功的立足点还是在内容上，技术是应用内容的手段和平台。数字出版与传统出版最大的区别就是用技术特有的方式多角度、全方位地展现内容，把相关联的内容在网络平台上无限扩张地呈现给读者。传统出版一本书就是一本书，一本杂志就是一本杂志，而数字出版可以把作者和书籍相关的内容通过系统的整合呈现给大家。

第二，创新和坚守。创新永远是一个时代的主题，是国家的战略，是全行业共同追求的价值目标。实际上创新并不像人们说的那样容易。真正的创新，特别是原发性的创新，无论是学术研究还是出版界本身都是由已知向未知的突破，都要经过艰辛的探索才能做到。在学术数字出版这种创新型事物面前，要有经验归零的心态，就是在数字化的规则之下，传统出版的理念在新的技术、新的创新面前都等于零。摆平心态，放低姿态，用开放心态应对变化，融通创造新内容的复合能力这是最重要的。原发型的创新不容易做到，但是把不同的要素和平台组合起来，架构新的平台，承载和传播相关内容，这是可以做到的，也是有例可循的。所以真正的创新是要把技术驱动与产品驱动相结合，不要局限于现有行业和业务的条条框框，主动适应技术发展的大趋势和行业变革的新未来。

第三，服务与特色。服务是新媒体的突出优势，是数字出版的核心。如果说传统时代主要是做产品，数字出版时代将以服务作为核心，要以实践用户价值为导向为用户提供有效的服务。单纯从出版者立场出发的臆想型服务，完全为创新而创新的突破，都缺乏真正的服务效能，做出来的产品和平台并没有多大的用处。

第四，团队与管理。出版行业的团队发展正在经历从精细分工到模糊发展的过程。最初在出版行业的内部划分越来越精细，比如做图书有文字编辑，有策划编辑，有营销编辑等等。后来再发展变成了出版人、媒体人模糊型的概念。现在要求媒体人做产品经理，所有的能力都要集中在一个人身上，因为一个产品从设计创意、模型设定、市场检验到形成产品、推送给读者、社会评价、提升改进等，这个过程，对于数字化产品来讲是一个完整的过程，必须有一个很好的顶层设计和预设性的结构，这样才能赢得市场。这就要求产品经理既要有协作能力、社交能力、传播能力、创新能力，还要有变现能力。从过去单纯的内容提供者和组织者转换成为以内容为核心的产品经理。这个产品对读者而言要有信息增量、视角增量、情感增量，在阅读和使用产品的过程中，要有愉悦感，这要求出版从业者要具备互联网思维和精准的行业知识。

第五，线上和线下。做数字出版是从线下到线上的发展过程，就是把我们传统的产品通过技术应用、技术迁移、数字平台建设，实现用户导向。读者接受了一个产品，同时给他提供了解其他产品的可能，了解与该产品相关的信息的可能，这样读者在阅读体验的过程当中能够获得知识上、使用体验上的信息、视角和情感的增量，做到传统出版产品无法企及的传播效果。要努力把传统的知识输出型出版、知识迁移型互联网出版和平台型数字化出版打造成了闭合型的服务链条。只有把线上和线下打通才能使传统出版和传统媒体获得一种真正应对互联网时代危机和挑战的能力。

互联网环境下数字化技术的发展,给包括学术研究和学术出版本身在内的学术出版服务、学术研究评价和学术研究的社会影响和应用,以及实现学术研究成果的传承都会带来种种影响。无论如何,学术研究和学术出版本身所包含的探究真理、创造新知和追求自由的本质不会改变。我们愿意和大家一起实现这个理念,希望能够"传播知识价值、弘扬中华学术",我相信这是所有学术出版同仁共同的愿景和理想。

中国学术出版十年（2011~2020）

圆桌论坛

"互联网+"与实体书店的未来

主持人： 令　嘉　百道网总编辑
与谈人： 唐代伟　陕西嘉汇汉唐书城董事长
　　　　　　李　倩　罗辑思维图书项目负责人
　　　　　　刘　昶　阿里商业评论执行主编

令　嘉： 首先我要介绍下今天的嘉宾，他们是陕西嘉汇汉唐书城董事长唐代伟，罗辑思维图书项目负责人李倩女士，阿里商业评论执行主编刘昶先生。我们这个环节讨论"互联网+"时代的书店发展，这个话题其实是非常宏大的，我想请教唐董事长，您的职位非常特殊，因为嘉汇汉唐在业内是非常有名望的一个学术书店，在今天"互联网+"的时代，您的书店本身又有汉唐雄风的传承，想请您讲讲嘉汇汉唐的故事，在这个大时代背景下，我们书店为什么有这样的发展？

唐代伟： 汉唐书店的前身是一个学术书店，以学术服务学人、以图书服务学人为服务理念，我们大量的图书主定位在人文社科领域，从图书的选品到客户的维护上都是本着服务学者这种理念。当时我们的书店建在西安的大学城，周围有大量的学校，有一些老师看到我们建立这样的书店，流着热泪和我握手，说感谢你给我们老师和学校提供这样的看书、选书的平台。

我们是在1997年起步的，当时整个市场对学术性图书足够重视，我们也抓住了先机，用两三年的时间就得到很好的发展。我们在2002年进行了改造，成为嘉汇汉唐，卖场12000平方米，依然保持了我们的学术品位。我们把社科作为我们书店图书定位的特色，截至现在，我们有一大批很忠诚的读者，他们大多是社会的知识中坚力量，大学老师、学生、白领等，这些使我们书城到现在始终保持良好的销售状态。我们是会员卡建制，每个会员卡30元，现在我们每天有四五十个人在办会员卡，而且还在不断增长。

令　嘉： 下面我想问一下李倩女士，大家说罗辑思维是一个中间商，我的理解有一点儿不太一样，因为它是借助全产业链的，从出版商到销售商的角色。回到20年以前，它就像贝塔斯曼刚刚到中国时的情况。这是我的理解，我们要听一下您的感受。

李　倩：首先我这里要感谢社会科学文献出版社，感谢甲骨文。

罗辑思维卖书也就是一年多的时间，我们是这个市场上非常新的一个小书店。在我们刚刚起步的时候，很多大的出版社对我们是有疑虑的，不肯把好书给我们，不肯和我们一起尝试中国图书别样的销售和营销的方式。这一点非常感谢社科文献出版社甲骨文能够拿出一些好书跟我们一起合作。

我个人从在北大读书的时候，一直是被学术书店和学术书籍滋养的，是我青春里面的一部分，所以非常感谢各位出版界的前辈。

几乎没有人相信罗辑思维一年不到，码洋就超过1亿元，我们的图书除了给会员打九折之外是没有其他折扣的。至于库存的部分，因为我们跟出版社有很密切的联系，我们所有的工作都是在微信群里面迅速对接的。我们在线可以监控库存，非常负责任地说，我们的库存量是非常小的，因为我们追求的是小步快跑。在罗辑思维书店，我们大概有1/3的书在预售，库存控制的不太好，加印来不及了，不得不预售。但是由于网络提供的便利，以及读者对我们的信任，预售这件事情完全不影响我们的销售，大家等一段时间我们会把货补上来，使库存不构成压力。

我们会每天进行数据分析，根据数据分析的曲线制定加印的量。比如我们每星期五固定图书上新。在这天早上，我们的工作从5点半开始，我们数据分析师会根据7~8点的销售来预测这本书未来一个月的销量。最好的时候，我们数据分析师可以准确在30本以内。

其实是技术给了我们这样的帮助，精细化管理可以尽量地避免库存过量的问题。

令　嘉：谢谢李女士的精彩演讲，事实上预售是我们最期望的模式，能够采取预售的方式来解决库存，这和今天"互联网＋"的大话题还是非常贴近的。

李　倩：今天这样的环境下技术能够提供相应的支持，第一，罗辑思维知道我们的用户在哪里，有多少人在我们这里买过书，大家喜欢什么样的书。这可以作为长期的数据跟踪和分析，使我们对一本书最开始的预定量有一个判断。第二，如果一本书在实体书店断货了，我就抓不到读者了。但是如果是在我们微信公众号预售了，读者预定了，不会担心我不给他发货，而且他明天还会来，这是我们跟读者紧密的连接。

谢寿光社长讲到中国中产阶级的崛起，我觉得这部分对我们做图书来说是一个特别好的事情。随着中国中产阶级的崛起，这一拨的中产阶级是靠读书走出来的，他们对经济、文化、知识焦虑，而同时他们在有足够的经济能力之后，他们对读书品质是有要求的。在罗辑思维书店里面，平装书用裸脊的方式，刚开始并没有得到读者理解，很多读者甚至打电话投诉说你们包装有问题，书皮破了。但当大家习惯了书可以180度打开，有更好的阅读体验，而不只是通过这个获得知识和思想，这种体验感本身也是有价值的。有一些事情我们有坚持，比如我们的书一定要用80克的纸来印刷，我们对图书的封面也会进行早期的干预，所有这一切都是为了提高用户的体验感。

说老实话，在互联网行业里面，我们很容易被经济绑架，很多时候用补贴拉来用户，罗辑思维一天都不打折。在这种情况下，我们觉得用人民币换来的爱才是真爱，他们是愿意为知识产品付钱的人。那些追求过节就打折的人，我不认为他们对知识有一个很好的定位，那些不是对知识有敬畏、对学术有敬畏的人，只不过为了凑300减200，我们反倒是为读者做过滤，帮他们节省时间，让书成为中产阶级家庭很重要的一部分。你想想我们今天，大家已经住几万元一平方米的房子了，要么有人家里没书，要么就是除了大学里面那几本课本之外没有再买过书，这对下一代的文化传承是不利的。从这一点来讲出版业大有可为，只不过是纸质书还是纸质书和电子版的结合，这是另外要讨论的话题。

令　嘉：刚才听李总的这一番讲解，更加印证了她是一个出版商，或者它不仅仅是微信上的小书店。他们太自谦了，他们构建的是全产业链。下面有请刘昶先生，他原来是行业媒体人，最早在中国图书商报，现在为阿里商业周刊执行主编，我想他会给大家做很多的分享，因为他出身于阿里这样的"世家"，所以每一个观点都有数据支持。

刘　昶：刚才令嘉介绍了我的经历，我是从出版行业转到互联网行业，是跨业和转行的人，我今天想给实体书店打气。现在实体书店正在转型的过程当中，目前看这种转型没有完成，这种模式正在探索，大家有不同的方向，有不少的成就，但是行业的整体转型没有真正的很好的答案。关于"互联网+实体书店"我有五个观点跟大家分享。

第一，我认为现在图书零售不是一个夕阳行业，而是一个提前进入，或者提前拥抱未来的行业。因为从我们的数据分析来看，2015年前三季度，整个网上零售的总额占比大概超过了10%，到2020年这个占比可能为18%~20%。到2020年线下的销售大概会占到80%。具体到各个行业来看，我们的研究员拿出来一个数据，图书应该是我们所关注到行业里面目前线上消费占比最高的，大部分的图书品类，线上消费已经占据了50%的份额。排在第二的是服装，服装大概是30%。看到这个数字之后我很惊讶，因为毕竟离开这个行业大概有5年的时间，图书的占比这么高吗？我专门请教了开卷数据，判断也是一致的。

我刚才说到，2020年有可能整个实体零售的销量只占15%~20%，未来的5年，很多行业会发生很多的改变。图书行业现在网上销售高达50%，这本来是2030年才能达到的状况，我们今天就已经达到了。所以我的第一个论断是，整个图书零售行业是最早拥抱未来和进入未来的行业。

第二，整个图书零售业在过去5年没有变得更好也没有变得更坏。2010~2014年，整个商业用房的面积除了2012年有下降之外都在上涨，在住房消费下降的情况下，商业用房在逆势上涨。图书零售行业的数据非常少，我们取的是国家广电总局产业分析的数据，我们发现2011~2014年，整个零售网点的数量一直徘徊在16万至17万个，2011~2012年是正增长，2013~2014年是负增长，下降的幅度非常小，虽然会看到一些书店在倒闭，但很多的新型书店也在不断开店、不断拓展。

第三，不恋过去，不畏将来。以前做记者，在行业内部会有很多交流，我发现大家还纠结一些东西，我记得跟图书大厦的老总交流的时候，他说我大厦在黄金的位置，但是我70%以上的面积一定要卖书，这样我才是书店，大家有时候在线上买东西的时候，也有观点认为他们卖书根本不为了挣钱，是为了吸引人流。罗辑思维是一个书店吗？可能大家不一定认同，但是它用60多个品种，过去一年实现了一亿元的销售额，它看似不是书店，但是它实现了书店的销售功能。反之，我们看到有的书店，它卖咖啡或者销售别的东西，大家认为它不是书店，但是它真的打着书店的名号。

我想说书店形态是最近一百多年，随着大众出版业的兴起才出现的，而且本身这个形态也在不断地迭代发展。小时候，你想看什么书营业员拿给你，后来改成开放式售书，再之后有了大书城、学术书店等出现，所以我的观点是不恋过去、不畏将来，将来有可能书店跟我们今天大家所理解的、看到的完全不一样，但是有什么关系呢。

第四，互联网、大数据、云计算都是目前很热的概念，但是这些概念我们从阿里的角度来说，它们并不神秘，我们叫它们新商业基础设施，它们跟铁路、公路、机场、水、电、煤一样，是基础的商业设施，能够为大家所用。未来所有的企业都会自觉不自觉地运用这些东西，就像你不会不用电、不用水一样，大数据、互联网一定被大家所使用到。

第五，线上线下一定要融合。现在我观察到很多书店，特别是一些大的新华书店都在做线上书店，很多出版社也在转。像新华书店的在线上占比越来越高，线上逐渐和线下销售持平，甚至超过线下的销售，这是发展的趋势。未来线上线下的书店是融合的状态，所以我们不要纠结线上线下。但是有一点非常重要，现在这种形态的存在，它的特点是体验式、场景式和以服务为主的，线下书店未来要转型、发展，一定要记住，要以体验、场景和服务为主。把这部分做好了，不用再纠结卖几本书，有可能会获得更好的发展空间。

令　嘉：这让我想起之前看到一本书讲"互联网＋"的概念，"互联网＋"放在哪儿，有的可能是加在前面，有的可能是加在后面，有的可能加在下面，其实所有的企业都没有逃出互联网，这就是今天紧扣的概念。

令　嘉：说一下你们对"互联网＋书店"的期许。

唐代伟：我们现在从互联网的恐怖中走出来，互联网对书店、对行业来讲是最好的机会，不管是互联网思维还是互联网工具，都促进了我们这个行业的发展。作为实体书店，过去总谈码洋，但是现在我们更多是要谈互联网思维，我觉得互联网思维对我们行业的发展十分有利，不管是从技术来讲还是从思维来讲，读者不变，作者不变，变的是中间的环节。不管是出版社，还是我们搞传媒的，很多方面大家都联起手来会有更好地合作。我们应该拥抱互联网，互联网会给我们带来新的未来。

李　倩：通常大家认为学术书是卖给读书人还有做研究的人看

的，但是这部分人在中国有多少，之所以一本好书只卖3000本、5000本，是因为真的做学术研究的人少。罗辑思维干的事是希望通过互联网，让更多可能走出大学校门之后不怎么买书的人重新开始买书、读书，重新建立起大家读书的习惯，只有在更多的人群里面找到知音、找到读者、找到用户，我们才能把好书卖好、卖一个体面的数量，让我们真正做学术的人能够继续往下写书，继续走下去。否则这些人没有得到好的市场供养的话，大家也就没有好书读了，对于读书人来说不是好的事情。"互联网+"就是把好书卖给更多的以前可能没有读书习惯的人。

刘　昶： 图书行业的转型一定会特别痛苦和艰难，但是我有信心，它一定会成功的。这个成功不仅对行业有意义，而且这种转型可以向其他行业输出案例、输出经验，甚至输出希望，是非常值得期待的。

中国学术出版十年（2011~2020）

2017

数字时代学术出版的
整合发展：战略与路径

谢寿光*

大数据将重新定义学术出版：融合与路径

作为一家持续20年专注人文社会科学学术出版的出版机构，从2011年起，社会科学文献出版社每年都会在1月上旬北京春季图书订货会召开前夕，联合国内著名研究机构和服务商，共同举办一次以"中国学术出版"为主题的年会。到今天，在百度中搜索"学术出版年会"这个关键词（一共有27.8万条结果），最有影响力（相关性最强、出现次数

---

* 谢寿光，中国出版协会副理事长，中国社会学会秘书长，时任社会科学文献出版社社长。

最多、评价条数最多）的就是我们举办的这个年会。

每次论坛我都会做一个主题发言，其中的一些观点也引发了一些讨论、获得了一些影响。今天，我们不妨趁这个机会先回头追溯一下往年的判断。

2012年，我判断中国学术出版将迎来新一轮的繁荣期，这些年学术出版的飞速发展都印证了这一点；2013年，我演讲的题目是中国学术出版现状、问题与机遇，指出学术出版门槛太低、学术出版人应当好中国学术的"守门人"；2014年，我进一步阐述了中国学术出版在对外话语体系建设中应当扮演的角色，并首次在正式场合提出建立学术研究、学术出版的"旋转门"机制；2015年，我以学术评价——学术出版机构的责任为视角，强调利用学术"旋转门"机制建立学术评价体系；2016年，我继续提出拥抱学术出版的"美好时代"！

总的来说，我对中国学术出版的趋势分析与预测与实际情况还是比较一致和吻合的。比如，我在三年前就提过，中国学术出版面临很多问题，但机遇更大，包括社会对创新型知识的需求越来越迫切，学术出版作为专业出版的主体已成为中国出版业的一种自觉。中国的学术出版可以说正处于前所未有的机遇和挑战期。本次年会以大数据为背景，我发言的主旨就是：大数据将重新定义学术出版。

一 传统的学术出版与大数据赋予的"新生"

1. 传统意义上的学术出版现状

学术出版属专业出版领域，或者说是专业出版的一个类别，它是人类思想市场不可或缺的组成部分，是学术交流传播的基本工具和平台，承载着传播学术、传承文明的功能，处于人类出版活动的核心或顶端位置。

我们社科基金重点项目课题的阶段性研究成果发现：

——学术出版的定义。学术出版是指学术作品经过评审、编辑加工和复制向受众传播的专业出版活动。学术出版是学术成果的载体和传播平台，是人类出版活动的基本组成部分，也是学术研究不可或缺的组成部分。它服务于时代，承载着思想传播、文明传承、资政育人的功能。学术出版是专业出版的基本门类之一，它处于整个出版产业的顶端，代表一个国家学术研究和出版产业的发展水平，是国家文化软实力的重要衡量标准。

——学术出版门槛缺失。2014年，全部学术出版图书16799种，分布在全国429家学术出版机构。

——学术图书规范性不强。2014年，在16799种学术图书中，含参考文献的有87.61%，含索引的仅为6.82%，预计这种情况在2015年以后将有大的改观。

——学术出版能力不高。学术图书占全年图书品种数的9%，我们以出版学术图书年出版数量前100位的出版机构为研究对象，大部分出版机构出版学术图书在100种以下。目前学术出版功能单一、狭窄，大多仅限于纸质学术图书出版，而且受专业性低、受众面窄、生产周期长、经济成本高等因素制约，发展空间受限，较之教育出版和大众出版，处于相对弱势地位。以学术出版为主业的出版机构难成大气，更多地是被作为教育出版、大众出版或专业出版的点缀。

2. 大数据时代学术出版内涵的"新生"

——学术资源整合。大数据的应用，使学术生产能力得到提升，学术产品呈爆发趋势，海量数据替代了实地调研，在生产领域为学术出版提供了无限可能。

——学术研究服务。大数据驱动学术出版服务的个性化、精准化：（1）催生了大量个性化研究成果，满足个性化需求；（2）实现了受众消费体验和阅读需求的实时挖掘；（3）使数字出版效果的智能分析与科学评估成为可能。

——学术成果分享。全媒体传播和用户对象的精准定位，使学术思想、学术成果的传播效率加倍提升，也促进了学术共同体的形成并使之间的粘连更为便捷、紧密，同时也使跨界学术共同体的形成成为可能。

——存储（积淀）平台。大数据使进一步挖掘人类交流互动数据，并在交流互动中生产新的知识成为可能。就学术出版而言，大数据可以挖掘用户需求和市场需求，提供知识服务（包括各种智能工具）、推动知识数据的可视化，不断探索互动式出版之路，为学术研究提供更多服务。

二 大数据如何改变学术出版

大数据首先改变了人们对万物的认知，进而改变了知识的生产方式、传播方式和消费方式。大数据极大地颠覆了以往对学术出版的认知，释放出新的功能。

1. 知识价值的发现者

大数据将驱动学术出版从"小众化"走向"分众化"。(1)助推学术推广和知识普及,加速专业知识的结构化和碎片化;(2)大数据能有效找到个性化受众,促成小众群落的形成,进而使"零碎"小众群落交叉关联形成"大市场"。

2. 学术规范的维护者

学术出版规范是学术出版物出版全过程应该遵守的准则,包括应该遵守的国家的法律、法规,内容质量应达到的学术共同体所认同的要求,形式应该符合的基本规范。

从国际出版业发展现状来看,为保障学术图书质量,英文写作国家的相关管理部门出台了一系列出版标准。如美国最通行的英语写作标准是《芝加哥手册——写作、编辑和出版指南》,由芝加哥大学出版社的一批资深编辑撰写,1906年首次出版后,迄今已出到第16版。该手册囊括了几乎学术写作和编辑所涉及的各个细节。除此之外,某些专业学术领域还出台了学科内的规则,如美国心理学会为本学科编辑的《美国心理学会出版手册》。美国现代语言协会(MLA)出台的《MLA文体手册和学术出版指南》是面向人文科学领域的研究生、教师、学者和专业作家的权威性写作指南,主要介绍了现代语言协会的文体格式以及引用和注释各种文献资料的具体方法。国外这些出版行业权威规范指南,涵盖了学术写作和编辑所涉及的各个细节,成为各出版社对稿件要求最常用的标准。

中国学术界和出版界已经意识到提升学术出版质量的重要性。

从2011年底开始，国家新闻出版广电总局要求各个学术出版社建立标准，加强学术出版规范。2012年9月4日，国家新闻出版广电总局发布了《关于进一步加强学术著作出版规范的通知》，根据《出版管理条例》《图书出版管理规定》《图书质量管理规定》等法规规章的规定，专门就加强学术著作出版规范提出了具体措施。邬书林近期发表了多篇关于学术出版及加强评价标准的重要文章，对学术著作出版的基本原则和要求进一步进行了明确。可以说，政府的出版主管部门抓住了解决当下学术出版乱象的一个命门，许多重要的出版单位在规范学术出版方面做出积极探索，积累了经验。2012年，社会科学文献出版社和人民出版社、商务印书馆、三联书店、中华书局共同发出《关于加强学术出版规范的倡议》，得到50多家出版机构的响应。

3. 学术成果的传播者

学术出版是对知识进行全方位加工、传输和增值的过程，其终极目标在于传播知识，满足社会各阶层的知识性需求。学术出版物作为我国专家学者们知识的积累和智慧的结晶，需要进行市场化运作。学术出版物的营销工作不仅关系到学术出版社的生存发展，也影响到专业学术知识的有效传播和传承。因此，应该重点关注学术出版机构的客户数据库，学术产品推广传播能力（被引用率）值，媒体运作能力值等能够反映学术产品的营销能力方面。提升学术产品立体营销能力，重视社交媒体应用，关注用户需求（两微一端营销、用户数据分析等）。

4. 学术研究的服务者

学术出版机构作为学术资源整合者和学术产品生产平台，是连接学术作品创作者和学术作品消费者的桥梁，是学术作品加工者（编辑）的组织者。大数据驱动学术生产的智能化、跨界化。

（1）推动学术生产由模拟化向智能化转型。互联网时代，知识生产呈幂级数增长，知识体系更新变化频繁。大数据可支持知识体系的动态构建和知识结果的有效呈现。智能化的信息收集、数据分析新工具，能对不断增长的非结构化数据进行抓取、搜索、探索和分析，从而得出有意义的结论。

（2）推动跨学科、跨国别的学术生产。基于大数据的知识深度挖掘、语义分析，可建立起知识关联网络，从而实现学科间的知识融合。通过数据库能快速实现全球互通互联，获取全球最前沿的信息数据。

三 大数据时代学术出版的六大关键词

1. 专业

一是出版物的专业性，主要体现在有学科和专业主题的学术图书和学术期刊。学术出版应恪守专业立场和专业操守，做专业的价值发现者和学术产品的看门人，不让伪劣、平庸之作流入市场。

二是出版规范的专业性，所出版产品应该遵循严格的学术专业规范。

三是人员和流程的专业性，应对学术出版机构人员和出版流程有严格的专业要求。"旋转门机制"："研而优则编，编而优则研"，培养"学者型""研究型""数字型"编辑。

2. 服务

学术出版人应从关注产品彻底转换到关注服务,即为学术研究全过程提供数据、规范、传播、评价等各方位支持。

3. 融合

驱动出版业务流程的科学化、精准化。(1)大数据技术能支撑优化学术出版全流程,打通各出版业务部门、不同出版物间的界限与隔离。(2)大数据时代,受益于语义引擎、预测性分析工具,实现了数据驱动决策,使选题策划、编辑设计、营销推广都更加科学、精准,更加贴近和理解消费需求。(3)融入大数据技术建立起的数字化协同办公平台,通过互联网可实时、跨区与作者、编辑、设计人员、营销人员、读者互动、协作,实现数字产品的一体化制作和个性化定制。

4. 主题

指产品的主题化、系列化。传统出版最大的短板是产品单一性、封闭性,数字时代的学术出版可完全补齐这一短板。

5. 连续

除了采集、分析、挖掘本机构在学术评价过程中的数据信息外,学术出版机构还可以建立学术评价平台,通过与学术评价第三方合作,将其评价方法和结果纳入评价系统;收集与成果相关的各种数据信息,进入评价系统;邀请相关领域专家和关心学术评价的人提出评价建议,参与评价,将这些数据同样纳入评价系统;纳入其他一切相关数据。这些数据共同构成学术评价大数据信息系统,通过对这些数据的整合、分析,得到多元化、多维度的评价结果。

6. 平台

系统管理、深度开发作者资源,打造作者库、学者圈,构建学术共同体。形成知识生产—出版传播—消费的专业闭环。

汪朝光[*]

数字时代出版战略之我见

各位都是学术出版人或者是书店的老板，所以我在这里就不班门弄斧了，说些个人的体验，供诸位参考。因为你们是图书出版产业的生产者，而我是消费者，每年自己买书的花费超过五位数，而且90%是在书店买的，所以我还是可以提供一些个人的意见和切身感受。

第一，内容。无论是数字时代还是非数字时代，在我看来很多时候给我们提供的是

---

[*] 汪朝光，时任中国社会科学院世界历史研究所所长。

一种形式的改变，当然很多时候形式的改变会影响到内容。作为出版业，我觉得在任何时代最重要的都是内容。没有好的内容，无论花样如何翻新，都很难获得消费者的认可。举个例子，成都大熊猫繁育研究基地的大熊猫太可爱了。玩了一天，我临走时特别想买一本大熊猫的画册，却只有一种，做得非常粗糙，结果我拥有的最好的大熊猫画册是在国外买的，可见内容非常重要。

我们回过头来说学术出版。上个月我买了一本非常好的书——《西班牙内战》。其实我五年前就想买和西班牙内战最有关联的一位人物——佛朗哥的传记，五年下来了我没有看到，所以我去年在美国买了一本英文版的佛朗哥传记，尽管我更想看中文版。我想说，作为一个好的出版人，最关键的是提供好的内容。

第二，专业。图书出版行业是产业，分享的是产品。这个产品一大特点是它和人的精神世界相连。图书出版业具有无限可能性，只要人类还存在就有图书出版业，只是出版方式可以改变，可能以前是物质产品，十年后就不是了。那么，一个出版社如何做得更好，这就需要专业。

过去我们的出版管理太讲究专业了，完全限定了它的出版领域。但是现在所有的出版社都在挤入似乎门槛不高的学术和人文出版，真能做好吗？也未必。比如我如果买一本辞典，我确实会想到商务印书馆。如果买文学类的书，我首先会想到人民文学出版社。所以，先把专业性做到最好，在这个前提下再去拓展它的多元化。

我对专业化还有一个印象，即如何把专业化指向您这家出版社。比如我看社科文献出版社，最近几年历史书做得挺多，也挺好。但是怎样让读者在好的历史书和社科文献出版社之间建立一个必然的联系，这可能是我们需要琢磨的一件事。

第三，渠道。像我这种实体书店的死忠粉很少了，网络给我们提供了无限的可能。因为现在人们的注意力都碎片化了，所以对图书这种精神产品来说，网络其实是一个很重要的渠道。永远要想着两条腿走路总比一条腿走路要强。那么，在数字时代如何把销售做好？航空公司都讲究二八利润，80%的利润是由不到20%的顾客所创造的，所以他们的服务一定是偏向于头等舱、公务舱、金卡和银卡的持有者。但像我这样，2016年所有买的书70%出自北京的6家书店，25%出自外地的3家书店。一家中等或者小出版社，或者一家书店能够抓住一千个像我这样的购买者或读者就万事大吉了。问题是这一千个购买者或读者在哪儿，可能网络就有非常重要的作用。这其实很好查，比如某一个书店很容易查到某一张信用卡在这里一年刷了多少钱，到底买了什么样的书。这样就可以有意识地来服务这样的读者。数据时代确实给我们提供了很多的可能。

张 立*

互联网时代，如何坚守学术尊严

今天我想讲一讲，互联网时代，如何才能坚守学术尊严。

互联网给我们带来了丰富的社会资源和社会交流，也给我们带来了大量的学术文献和便捷的写作工具，同时也给我们带来了巨大的冲击。这种冲击不仅仅是在学术研究领域，也不仅仅是在学术出版方面，它实际上是对整个人类社会的生存方式和文明形态产生了冲击。

---

* 张立，中国新闻出版研究院副院长。

但今天我只谈谈学术。

学术尊严来自什么呢？学术尊严来自严谨的治学态度、严格的研究方法、敏锐的学术观点，还有大胆的、孜孜不倦的创新与追求真理的精神。这就是学术的本质，不管是什么时代都是这样。

互联网时代到来得太快了，对我们的研究与出版工作冲击得太猛，使很多做学问的人都变得特别浮躁。

就学术研究而言，浮躁的特征是什么？首先是学术研究的媒体化。我们经常要像媒体人那样做学问，比如喜欢造一些新词儿、捅一些莫名其妙的概念、下一些危言耸听的判断；其次是学术研究的娱乐化。据我所知，现在很多教师如果不把讲课说成相声儿就不敢上讲台了。所以，今天还能坚守一些学术的尊严不是特别容易的事情。新概念也罢，伪概念也罢，层出不穷。很多研究报告动不动就判断我们今天到了什么样什么样的风口，什么样什么样的元年，动不动就是什么什么的井喷之年。媒体人这样说可以，因为媒体需要吸引读者的眼球，需要提高传播力。但做学术研究是需要真正的沉下心来有一种追求真理的精神，有一种修正错误的勇气，有一种实事求是的态度，有一种实证主义的方法。随便说说什么风口、什么元年、什么井喷容易，论证清楚这么说的理由却并不容易。

互联网也好，物联网也好，新技术也好，的确给我们学术研究带来了很多积极的影响，使我们做学问更容易了，比如查资料就更容易了。但这也可能带来另一个问题，就是抄袭变得也更容易了。如今，抄袭无处不在，我有时甚至觉得现在普遍流行的所谓"文本分析法"几乎就是抄袭他人成果的方法。我们经常会发现，有些人把别人的东西通过复制、粘贴，拼凑成自己的论文。有时为了躲过查重软件的检索，会创造出很多规避查重的办法，比如颠倒语序，重组句子，替换同义词、近义词，改变语法结构，调换语句位置等等。我很诧异我们的创新能力没有用在学术研究上，却经常用在规避查重上。其实在专业一点的人看来，不管怎样修改，只要是抄袭的论文，仍然难掩马脚。为什么呢？因为这些从不同的文献拼凑来的论文，各段的立意和逻辑是不一样的，放在一起就会发现它不是一个整体，也没有一个灵魂，在语义上也很不一致，我们人脑是非常容易判断出一篇论文究竟是不是自己原创的。

这些都会让我们对学术缺乏沉下心来的尊重。

现在我们不说信息大爆炸了，说内容泛滥。泛滥不是说它好坏，而是说它像洪水一样多。这个时候我们的学术如何中萃取真谛？如何探索真理？如何判断真伪？由于信息太多，其中的干货越来越难以找到。这就使学术研究的方法论显得格外重要了。学术研究不仅不能抄袭，也不能想当然乱放话。我最近提出"过程报告"的想法，并在我个人的研究里应用，就是说我们的学术研究要有过程，像物理实验一样，每一个观点都要有依据，不能想怎么说就怎么说。

就传统的学术出版而言，我认为有些优势是应该加强的，而不是减弱。比如三审制。我们有时觉得它是一种过时的"把关"手段。但用今天的眼光来看，它其实是一个评价体系。它的不足是过度依赖人的经验去判断和把关，而大数据时代的今天，单纯靠人已经很难完成评价的工作了。今天需要一种更加严谨、更加合理的指标体系和算法模式来评价，需要评价工具。目前学术成果，特别是社科领域学术成果的评价方法还没有建立起来。这需要我们学术领域的科研人员共同努力。

今天看到很多新媒体公司比较成功,比如罗辑思维、今日头条。在大数据行业和互联网时代,他们是互联网 + 我们,但我们也要 + 出去,这才是大数据时代。今天是一个融合发展的时代,跨媒体融合、跨界融合都已经成为了现实。我们的科研,特别是研究某一领域的科研,可以往上游的资源加一步,或者往下游的用户加一步。所以在存量资源的基础上,把增量资源加进来,我们基于的完整的大数据的生态科研就会形成,其科研成果可能会完全不一样。今天我们提出学术尊严,也包括学术研究的工匠精神,愿意沉下心来求证一件事情。

最后我想说,我们要尊重学术的创作,给学术创作在大数据时代一种新的方法和生产的机制,通过它探索学术的服务能力,同时坚守学术的尊严。我觉得这是非常重要的。谢谢大家。

中国学术出版十年（2011~2020）

圆桌论坛

学术图书的数字化营销

主持人： 令　嘉　百道网总编辑
与谈人： 张　践　新华文轩信息总监、文轩在线
　　　　　　　　　董事长
　　　　　　邹　进　北京人天书店董事长
　　　　　　俞　峻　浙江省新华书店集团馆藏
　　　　　　　　　图书有限公司总经理
　　　　　　唐代伟　陕西嘉汇汉唐书城董事长
　　　　　　张　雁　众筹网

　　令　嘉： 学术出版非常的小众，目标非常精准。图书馆的收藏，SSCI评价，还有

学术期刊的影响因子，是我们之前最重要的营销体系。

我希望把这块的内容从非常学术和泛大众化的学术两个方面来进行讨论。在今天的环境里，营销已经开始发生一些变化，所以今天我们的三轮研讨中，第一轮，我要请五位嘉宾回答一个非常共性的问题。在这样一个移动互联网介入的大时代的环境下，我们今天学术图书的营销是不是已经从过去的传统期刊的影响因子，诸如此类的评价体系转向了社交媒体的渗透，换句话说是不是社交媒体正在作为一种新的很强大的力量来影响我们今天的学术图书。首先请张践女士开始。

张　践： 其实受到邀请的时候，我很惶恐，从学术书刊出版来讲我很不专业。文轩一直在做渠道，我是负责电子商务渠道的，今年大概有 20 亿元的销售规模。互联网颠覆了很多东西，原来比较传统的一些营销方式，比如期刊要对应到图书馆，对应到研究者，但其实路还是很窄的，茫茫人海我不知道你在哪里，你也不知道我在哪里，但互联网让很多的联系都变得可能。但有一个问题，就是信息过泛，怎样定向地找到这个对象，我觉得这是比较有趣的话题。

说到融合，第一，我现在要做的事情，就是要把当当、京东或者其他互联网上能够搜得到的数据，在第一轮试销以后，和文轩网的数据一并能够定向到实体书店。第二，原来已经有的客户怎样用互联网的方式再定向到他们。不管是线上到线下，还是线下到线上，这个关系要建立起来。

张　雁： 我一直在互联网平台做一线销售，之前是当当，后来是京东,现在是在众筹网,我对出版行业的情感非常深。原来在一线,我们做营销,除了在价格上做文章,其他的空间也不太大。因为我永远不知道,我的专题上线后,购买的人是谁,我的读者是谁。在"互联网+"的时代,从2013年开始众筹兴起,尤其是出版众筹,从发展期到平稳过渡,到各种政策利好,再到2016年底的高速发展,我们和全国500多家出版机构建立了密切的众筹项目合作关系,相对来说比较成功,我们也和社会科学文献出版社做过一些绝版书的复活。

在传统和线上互联网结合的模式下有很多可以创新的空间。在实操的过程中有很多惊喜,只要脑洞够大,只要敢想,我们在改变出版秩序的过程中,不断地让市场来验证我们项目的可执行性和可接受度,真正做到按需出版,和读者之间互动,让读者也成为项目的参与者。

邹　进:今天的主题是学术出版的数字推广,这对我们来说意味着什么?我们主要的工作是如何把这个产品卖好,互联网是一个工具不是目的。我们从2015年开始谈"互联网+","互联网+"什么?出版企业都做互联网企业吗?这是不可能的事情。全国一年出版图书20多万种,我们怎么把这些书卖好,特别是我们怎样把学术图书卖好,这是我们的职责。我们不仅要把书卖出去,还要把好书卖出去,这是我们最主要的职责。2016年我们销售社科文献出版社图书码洋将近2500万元,占我们整体比例比较大。这个比例可以有更大的提升空间,要把更多好书送到图书馆。

怎么送呢?这和互联网就有关系。我们需要互联网技术、互联网环境和互联网手段来补充。每年出版这么多书，都提供给图书馆就像灾难一样。我们现在每天发公告，未来要用可控书、核心书目这样一些手段，像做电子期刊一样要有影响因子作为卖书的辅助。

令　嘉： 您针对的都是专业的图书馆，用专业书目服务它，这是最好的营销，也是基于内容的标准。下面我想请俞总讲一讲，在新华书店馆藏这方面，您做的工作和邹总是对应的，您是怎么做的呢？

俞　峻： 学术出版从销售商的角度来讲，很重要的一点是内容的问题。目前在学术出版方面，我们有一些担忧，到目前在学术资源、专业出版上比较集中的出版社少之又少，一家出版社可以自己单独建立一个平台、一个网站来传播这些资源。但专业的人文学科图书，分散在400多家出版社，不可能所有出版社都去做数据库、电子书，我们作为中间商和传统的馆配商，以及资源整合商，如何做好这中间的环节，我认为这是做营销要研究和考虑的事情。

令　嘉： 这个问题很重要，刚才张践女士对这个问题也有感受。电子书的问题我要请唐董专门讲一下，我想他的感受可能和你们不太一样。现在我想请唐董说一下，新媒体营销应用到书店、学术图书出版这方面的情况。

唐代伟： 今年是2017年，我从1997年开始做学术书店，所以对学术书在零售市场的整个发展我还是比较了解的。零售行业受市场压力这些年都在下滑，学术图书也在下滑。目前各家都在转型，不管是书店多元化还是书店环境的改造，但新技术、数字化的应用是一个过程。书店过去是向学术人服务的，叫作服务学人，有一大批的学者和会员。在新形势下到底实体书店如何转型，符合新的零售业态，互联网包括数字化是我们现在最渴望的，如何用好它很关键。大量的老师、学者是我们最基础、最核心，也是最诚信的一个消费群体，可是我们给他们的又很少。如何用信息化，用新工具、新技术，用互联网和大数据为他们做好服务，我们现在做了一个简单的查询系统，下一步就是做智慧书城。加强用数字化和互联网的手段为特定的人群服务，这是我们要研究的话题。

令　嘉： 下面进入第二轮的讨论。我想先就数据库这件事情请教一下邹总和俞总，中国正处于新一轮的数据库爆发的阶段。过去我们在做馆藏的过程中，比较多的是纸质图书，数据库在过去两三年中是不是已经有了一些阶段性的发展，在这个过程中，你们发现有哪些挑战？你们是如何预测的？

邹　进： 现在图书馆肯定是在转型。转型最核心的标准是资源替换。我们了解到，目前像本科院校图书馆，211、985院校的文献资源经费基本上是四六开、三七开甚至二八开，80%的经费用在数字资源上。我们作为馆配商只服务了20%，80%的经费用在哪里呢？绝大部分用到购买国外的数据库、电子期刊上了，因为国内的资源不多。做数据库是很难的，像社科文献出版社出版社的皮书做得非常好，这是凤毛麟角的，数据库做好了还需要维护，不能做完了就算了，不维护就是"死水一潭"。

我觉得电子书特别适合学术书的推广，因为印刷量很小，甚至以后学术书都不需要印刷，直接做成电子书就可以了。当然学术出版有一个很大的问题，目前我们只是把纸本图书电子化，它不是一个数据库的概念，因为一本书和一篇论文是不一样的，一篇论文讲一个问题，你搜索这一个问题就都能解决了。一本书有很多个问题，很多个知识点，怎样让它更好地使用，这是我们作为平台商面临的问题。

令　嘉： 我想听一听俞总的想法，请您谈一下数据库的销售，它是怎么发展的，未来您会怎么做？

俞　峻： 刚才邹总已经把高校馆藏图书和数据库的现状讲清楚了。目前数字资源这部分，像社科文献出版社这样手上有专业核心资源的出版社太少了，绝大部分形成不了数据库这样的形式，进入流通环节的很难，更多的可能会变成单个的电子书的产品，通过平台重新展现给用户，我认为更多的出版社应该走这样一条道路。

除了做好纸书，这几年我们也是积极地在走拥抱互联网的路，要跟着互联网的节奏走。我们做馆配的时候就有这样的想法，今天这样一种竞争的市场，在互联网背景下，所有的资源应该是大家共享的，我们建立平台的初衷就是要把这个资源拿出来作为共享，作为一个公共平台大家来使用，来破解行业中的信息不对称问题，打通馆配上中下环节，通过互联网的技术和大数据的技术使这一切得以实现。

令　嘉： 您说的这个平台是一个电子书的平台吗？

俞　峻： 我们当时的想法是纸电融合平台，但做了以后，纸书没有问题，电子书跟不上。

令　嘉： 我了解这个问题的核心了，在我们的渠道和生产这两个环节之间，其实还是有距离的。但我的感受是出版社在我们知识服务商的构建上，好像跑得还比较前。

今天我们来参加社科文献出版社的年会，社科文献出版社恰恰又是在这一领域最有雄心的出版社。刚才谢寿光社长说出版社的思想集中到智库平台的评价体系上去了，而在销售环节，我们对电子书的期望比较高，这也是很务实的，因为现金流非常重要，特别是做生意需要很务实。也许在出版环节我们已经想去追赶国外的数据库，但读者端的需求还没有到那种程度。电子书这几年在国外也是起起伏伏，2011年、2012年它到达一个峰值，但现在欧美市场完全停顿下来了。我们几位老总都对电子书这么期待，说明这个市场在中国没准会有一个新的爆发点，我们不知道它是今年还是明年，但对于实体书店来说，当电子书的爆发点到来的时候，会不会影响实体书店？我特别想听听唐总的想法。

唐代伟： 刚才大家讲到数据库的问题，现在我们说大数据必须把读者和数据放在一起。

如果没有对读者的分析，成不了大数据。我们卖场经历了十年对电子书的销售观望。电子书这么多年来一直没有成为主流，到现在来讲只是一个使用数据库的工具，但我认为再加上手机的使用，它对我们的杀伤力太大，数据库的实力，手机的阅读量越来越大了，我们在观察这种新的阅读方式和工具能够给我们带来多大的冲击。目前来讲对我们的影响不大，线上已经成为它的价值优势，对读者的推送和大数据的使用，这将是对实体书店最大的伤害。

令　嘉：我请教一下张雁女士，众筹出版在基因上和学术出版有很大的一致性，我想听一听您的想法，您怎么理解这两者的关联的？

张　雁：在孵化众筹项目的时候，更多的是讲故事。我们做一个项目方案的时候，传统产品的展示可能是一个说明书，电商的专题或者新媒体呈现的可能是新闻稿，但众筹项目的孵化传播和最终的转化，我们更希望是一种日记体的呈现方式，项目前期的一些故事，项目背后的一些典故都可以帮你找到读者，我们会做客户画像，客户的年龄层、收入、地域、对这个项目关注的频次、在项目参与中给到的建议，投资人希望能得到优化，希望价值最大化。

平台其实是一个窗口，我们把优质项目呈现在平台上希望能够得到曝光，无论是出版社的社群推广，还是在微博、微信公众号这样的新媒体平台推广，主流媒体上我们也有一拨拨的推广，按照营销的频次，最终形成闭环在这个平台上转化。最终项目的成功，筹资额和投资人次是我们直接考核的两个维度。在项目从开始到圆满结束的过程中，我们也会做一些从线上走到线下的活动。像刚才几位大佬说的，"互联网＋"其实是与传统行业更紧密的结合。

令　嘉：在整个过程中，一拨拨的关注者可能并不是你们直接的资金赞助者，但他们是传播者。我一开始就在想，其实众筹出版真的是把学术出版本初的状态找回来了，我所理解的学术出版，毫无疑问它是很小众的，它的出版资金来源很有限，要么是出版人自己努力，得到政府、基金赞助，要么找到读者来埋单，这就是学术出版的两个本初的问题。锁定目标读者群，解决出版资金的，后面的事情可能就是怎样把它最大化的问题。

张　雁：众筹的核心无非就是人、钱、智慧。在众筹项目孵化的过程中，我们有这样的例子，一位作者写了十年，也投过稿，出版社并没有给他出书。但经过我们的策划，最终众筹了三五万元，解决了他自费出版的问题，而且所有的支持者都是精准的读者，这些读者转化到项目中来，成为这个项目的参与者。

令　嘉：目前有没有统计有多少学术图书在你们这里通过众筹出版了？

张　雁：2016年，我们成功"复活"了将近700个学术出版选题。

令　嘉：非常好，众筹网不仅是他们的出版平台，还是他们的"复活"平台。下面我要把一个大问题抛给张总。在大数据的挖掘上，新华文轩已经走到了最前沿，在营销方式的改变上，可否和我们分享一些故事？

张　践： 新技术丰富和改变了消费习惯，而且极大地改变了我们的服务方式和业务模式。为什么这样讲？我们做了这么多年的信息系统，为什么读者来了我不认识他，我们就从这个小数据来讲。

客户到新华书店买书，需要支付宝、微信支付来验证身份，但书店后台系统如果不支持身份验证，所有的服务手段全部等于零。所以，小数据也好，大数据也好，只有这些是可能的，才能重新设计你的服务手段。

令　嘉： 我们的嘉宾已经非常充分地表达他们的想法，怎样解决打折和库存的问题，大家都觉得很挠头，我们每个人用一分钟进行讨论。

张　雁： 基于众筹平台可以做一些跨界组合，比如为这些库存产品按照垂直需求增加跟读者服务相关的一些延伸附加值做打包的销售。我们在2017年年会上线无线筹，主要和出版机构进行全品种对接，有统一的模板导入，这样也可以解决库存的问题，让读者能够更快地通过平台找到自己想要的东西。

邹　进： 我觉得作者要坚守，出版社也要坚守，踏踏实实抓住几个主要的出版社和作者向我们做反馈，我们一定会送到图书馆去。每个城市有几个学术书店，这几千本的库存就消化掉了。

张　践： 库存问题是一个行业性的问题。一是行业的供应链长，二是信息化水平在某些环节过低，在订货的时候比较盲目。虽然我们今天在讲未来，但现实的情况是供应链管理水平低，所以我们还有很长的路要走，我们还是有信心。

俞　峻：刚才张总讲的话很接地气，这几年来，浙江省新华书店在行业当中一直是比较注重信息化管理的。首先，你把自己的ERP做好，没有ERP的要建，有了ERP把自己的系统先做好。其次，如果你的ERP系统能够跟产业的上下游对接，你把这个线拉得越长，你生存的能力越强。浙江省的ERP系统小有名气，我们所有的往来信息、出版社回馈信息全在一个平台上，所有的信息都在平台上无纸化运作，紧密度、依赖度和精确度相当高。电脑上可以显示每家出版社可结款是多少，出版社可以看到浙江新华500多家连锁店中，自己的产品库存是多少、销售了多少、销售的是哪些品种。数据信息都是透明的，我们采购人员看得很清楚，出版社的分管业务员也看得很清楚，业务员坐在家里就能看到所有的连锁店销售了多少个品种，出版社的品种上架的如果只有不到100种，业务员就要去做工作。我们认为既要看到未来发展的趋势，更要脚踏实地做好今天的工作，我认为这是很关键的。

唐代伟：刚才张总说的话，正是我们现在做的。我们在2016年12月12日成立了西部出版物交易中心，把商流、物流和信息流集中在一个2万多平方米的地方，增加物流能力，这也是为了迎合实体店的改制，我们现在重金打造的就是ERP系统，最后要做大数据，今后大数据的传递和整个产业模式都要发生变化。所以，首先我们做了西部出版物交易中心，把商流、物流、信息流打造为一体。

然后我们再进行按需印刷和编发一体化，只有这样我们才能真正地让实体书店做得更好、更专业、更有特色，满足下一步所有书店改制后对图书的需求，对书店的多元化发展有所帮助，我们现在是在西部这样做，以后我们要和互联网合作，加强线上线下的一体化。

令　嘉：今天的研讨环节到这里就要结束了。今天我们讨论的这些话题观照了未来，因为数字出版、数据库、电子书是我们正在前行的一个方向，而脚踏实地的是纸书销售，因为它占据了我们现金流的90%。非常感谢几位嘉宾，很专业，我也受益很多。谢谢你们，也谢谢大家。

中国学术出版十年（2011~2020）

2018

学术出版的未来趋势与能力建设

抓住信息技术进步机遇，提升学术出版水平

邬书林[*]

首先要高度评价社会科学文献出版社所做的工作，二十多年来，这个社从无到有、从小到大，专注学术，红红火火地发展了二十年，奠定了它在中国社会科学院和整个出版界的地位，他们一直在为中国的学术出版提高水平、跟上世界潮流，更好地服务于国家创新鼓与呼，而且创造了像皮书、列国志等一系列学术出版的品牌。相信今天的会

---

[*] 邬书林，中国出版协会理事长，时任中国出版协会常务副理事长。此文根据录音整理。

议之后，社会科学文献出版社在学术出版界的影响会更好，因为他们今天做了一件很有意义的事，把第八届的年会和其他相关的学术机构联合主办。他们今年联络了中国新闻出版研究院、百道网一起，我相信会带来新的理念，介绍新的技术、新的方法，也希望这次会议之后有更多的人参与中国的学术出版、更多的人推动中国的学术发展。

一 出版界、学术研究界要准确把握、充分认识学术出版在出版工作、学术研究，以及在整个国家经济发展，乃至民众生活当中的基础性重要地位和作用

如果对此没有准确把握，不清楚我们学术出版的基本功能是什么，就会在这个问题上迷失方向。要准确向社会各界介绍清楚学术出版究竟是干什么的。

今天的主题是新技术带来的新变化和新的挑战。过去二十年由于互联网的发展和信息技术的进步，尤其计算机运算速度的加快，以及出现了大数据、人工智能等一系列的新技术，围绕着还要不要出版，全世界进行过三次集中式的深入讨论。非常可悲的是世界上最著名的学者、最重要的权威机构都不看好我们这个行业。

在过去的二十多年当中，几乎每过七八年就要提一次出版要消亡了。第一次是当世界上提出信息高速公路，互联网普及使用，这个时候像比尔·盖茨、格林斯潘这样在世界有影响的科技界的领导者、金融界的领导者和未来学家提出，有了互联网，以传播知识、传递信息为主的出版还要不要存在。有意思的是，1995年《福布斯》上发表了格林斯潘的一篇文章，他提了一个问题，出版公司会不会

随着互联网和新技术的运用而衰亡,这次的冲击对出版业是巨大的,出版业的危机当时很大。

第二次是2003年前后,大数据、云计算出现了,计算机的运算速度到了每秒钟3万亿次,几乎瞬间可以把知识信息都解析了,这时候世界上又出现了要不要出版业的讨论,像里夫金的《零边际成本》,还有《工业4.0》等这些书,都认为出版会进一步消亡。

第三次离我们不远,2013年,当人工智能在全世界快速发展的时候,又一次提出了出版业要消亡,因为有了人工智能,对知识的加工、生产、整理会越来越方便,有三个美国科学家建议全世界的学者联合起来打败腐败的出版界,要求自己评审,自己把学术传播做好。

有意思的是,经过这三次讨论,世界出版业不仅没有消亡,还在规模上有了新的发展,全世界的出版人更新理念、改造流程、积极运用新技术,整个世界出版业,尤其是学术出版在过去十年当中翻了一番,这就要回到为什么学术出版这么重要。

更有意思的是,那三个美国大学教授,2013年提出了要取消出版行业这个暴利行业,但到2016年他们宣布放弃自己的观点,不再提这样的口号。在这个过程中,全世界出版者很好地应对了这三场危机。2015年,从1665年创建第一份学术期刊开始,走过了350年历程,我们全世界的出版人围绕学术出版回顾之后总结我们究竟是干什么的,要给全世界的学人交出一份从理论上说清楚的答案,我认为中国学术出版业一定要把这个问题讲清楚,我们是干什么的。

经过那次讨论之后,全世界大概开过三个高水平的学术讨论会,分别在牛津、哈佛和中国科学院,希望可能成为又一个新的学术出版中心的中国能够高度重视。

第一，学术出版的本质是为人类社会的创新进行注册登记。因为最早在学术期刊发明之前，科学家从事科学研究总担心搞不清是谁发明的，谁发现的，所以在300多年前，许多学者们的学术研究是通过保密通信，是用暗语，甚至用密码来进行交换，来保证自己的权利。但是自从世界上有了学术出版之后，全世界公认，谁先在公开的学术杂志、学术图书上把自己的观点公布出来，并且通过严肃的出版单位登记的，以书号、刊号的形式出版了，就把这一项创新成果注册为由哪一个人、哪一个机构发明的，同时人类发明了一个更重要的方法，通过《版权法》把创新知识的这个人的精神权利和财产权利固定下来，说明这项科学发现，这项思想创新，这项伟大作品是属于这个人的。大家都在用玛丽莲·梦露裙子飘起来的照片，现在每一年这个摄影师的孙子还能够收到三千多万美金的版税，学术出版，是把创新成果的精神权利、财产权利通过出版物固定下来，这是非常重要的，学术出版的本质是为创新保驾护航。

第二，学术出版人是整个学术创新的一个不可或缺的维护者，他要通过自己的专业劳动，对创新出来的知识进行专业技术上的精准加工，传播的是社会和作者认可的精准的知识，大家知道有了互联网，各种知识都在传播，为什么许多严肃的出版物大家仍然必须买呢，因为学术出版物提出来的知识是精准的、可靠的，帮助大家节约了大量的时间。中国科学院老院长卢嘉锡曾经评价过我们的学术出版工作，他说学术出版是整个科学研究的龙头和龙尾，我们学术研究是从查找资料入手，在研究过程当中还不停地跟踪研究状况，最终在学术刊物、学术著作上发表自己的研究成果。像刚才蔡昉院长所讲的，我们最后一公里如果不做好是不行的，我们要通过专业劳动提供精准的、可信的，作者能信赖的知识。

第三，学术出版是一个产业，它高度实现了社会效益和经济效益的统一。学术出版是要投入的，学术出版要通过同行评审，通过专家学者的反复打磨和高水平的编辑反复鉴定。当下中国总认为学术研究是不赚钱的，总认为是经济效益低的。你睁开眼睛看世界，全世界最重要的学术成果，最高水平的学术期刊利润率和定价都是最高的，实现了学术社会效益和经济效益的高度统一，这门专业做好是很难的，需要有科学的眼光，还要有专业的知识。经过出版人进一步创新知识，会成为人类的永久记忆，一部人类的历史就是由重要出版物记载下来的创新史，因为我们还要把知识永续使用。所以从这个意义上讲，学术出版是我们国家出版的核心，同时一个国家创新成果多了，世界话语权也就多了，各方面的影响力也就上去了，所以从这个意义上讲，我们要满怀信心地把学术出版作为我们努力的方向，成为出版物的重中之重。

第四，学术出版的成果是人类可永续使用的宝贵财富。学术出版一方面专注学者的创新成果的出版，一方面加工整理前人留下的科技文化成果。而创新成果又会成为后人可以永续使用的文化成果。知识是人类最宝贵的可重复使用的资源。

二 要高度关注信息技术革命性的进步对出版业提出的新要求、新推动，要关注国际国内出现的围绕学术出版提升水平出现的新理念、新做法

第一，信息技术的进步对学术出版提出了新的要求。面对挑战，

十年来学术出版的总体规模翻了一番，我们很好地利用了信息技术的进步把出版水平提高了。2003年，学术出版界明确提出，要从传统意义上的出一本书、一本刊，或者出版数据库这样的动作转向为整个科学研究、教育发展、人类社会的经济发展，乃至社会生活的方方面面，通过出版，提供很好的知识解决方案。中国在这几年提出一个新的概念，叫作知识服务。出版理念变了，从单纯的出书、出刊、出数据库，到现在自觉把自己的工作融入科学研究、经济发展和社会生活当中，提供知识和信息的解决方案，帮助科学家、经济决策人，以及每一个公民在科学研究、经济发展和社会生活中提供实质上的支撑，这已经成为出版的重要理念，我认为这是出版的凤凰涅槃。

第二，由于信息技术进步了，出版人开始用新技术，比如大数据、云计算、人工智能等专门的工具抓取信息、分析信息，我们的出版工作恰恰是在这种环境下更直接地把新技术变成我们新的工具来使出版提升水平。

第三，出版物的形态要更新，要跟上世界潮流，这是出版人的惊险一跳。

前几天我收到《化学文摘》给我寄来的2018年新台历，附上了他们新的数据库说明，让我大开眼界，2017年他们的老总到中国来访问，给我递了一张名片，名片后面写着"我们紧跟科学之后提供知识解决方案"，他说现在《化学文摘》只要你买数据库，一篇化学文章里面的重要知识点怎么演变的，有那些人做过创新的东西，走过哪些弯路，做过哪些化学实验，统统在它的平台上可以查到，现在还有多少人做这样的研究，有哪些重要机构在做这些研究，一览无余，在文章发表的48小时之后，在它的数据库里就会有全文解析。随着信息技术的快速进步，他们做了一个公式的分析，一个国家治理得好，GDP的3%左右用于研发，研发投入的1%到2%用于学术文献支撑。大家算一下我们中国GDP是80多万亿元，接近90万亿元，研发投入到2.1%，超过欧盟的平均值，如果达到3%，那就是近2.7万亿元，近2.7万亿元里面如果有2%用于学术出版，可以预见我们未来学术出版规模，所以从这个意义上看，学术研究会随着社会进步，永远是一份朝阳产业。这是过去十年来出版不仅没有消亡，而且繁荣的重要原因。

第四，学术出版有光明的前景，学术出版的平台从来都是世界性的，没有哪一个国家可以单独支撑你独立的学术研究，你只有到世界舞台上去竞争，你才可能在学术出版赢得你的话语权。随着中国经济发展水平的提高，逐渐走向世界舞台中央，全世界的人都在关注你的学术出版市场。现在我们自然科学的市场基本上已经被外国人占领，像普林斯顿大学、牛津大学、哈佛大学这些大学在过去的几年当中纷纷设立中国的办事处，要和我们的出版单位抢作者。普林斯顿大学出版社去年设立了中国的办事处，目标是帮中国的学者出版好学术著作，争取出诺贝尔奖获得者的代表作，这是它的学术出版的构想。

普林斯顿大学的总编举了一个例子，普林斯顿大学学术出版一年200种，这200种每一种都是按照世界顶尖学者的标准出版的，他说以经济学为例，在过去15年当中，普林斯顿大学每年出15种左右的经济学著作，过去15年，无一例外，诺贝尔奖获得者的代表作是普林斯顿大学出版社出的。他有一个重要理念，哪怕是爱因斯坦的著作，只要没有创新，一概推后。

普林斯顿大学的学术出版，组稿的占到99%，自然来稿只有1%，所以我们做学术出版要看到，既有经济发展的光明前景，又会遇到强烈的竞争，我对这种竞争持非常开放的态度，因为只有竞争了，放在同一水平上比较比较，你的学术出版才会提高。所以要高度关注信息技术进步对我们学术出版带来的新要求，而且这一点，中国民营出版业也做了很多的工作，比如像罗辑思维，他们把普通的听书改成讲书，把大家以为是碎片化的阅读，用新理念组织学术出版，他们的理念我觉得值得推广。由于大家有了手机，有了方便的即时通信，这个时候大家利用的碎片化的时间多了，他们的理念是要通过听书、讲书，把读者的，特别是白领阶层的碎片化时间运用起来，通过碎片化时间的运用，教你一门系统的、精准的学术知识。

大家可以看看他们平台上，像薛兆丰讲经济学这样的课程，2017年卖了20万份，一份190元，大家可以算一下，正是罗辑思维帮我们中国学者实现了世界第一。2017年由学术出版带来的版权收入，据我所知薛兆丰教授是中国第一，也是世界第一，200多万美元，想都不敢想，所以学术出版是利润极为丰厚的行业，中国在这个过程当中做出了很好的知识服务。

三 几点建议

第一，要认真学习党的十九大精神，以党的十九大为标志，中国特色社会主义进入了新时代，正像习近平总书记所讲，实现伟大梦想，必须进行伟大斗争，必须建设伟大工程，必须推进伟大事业，我们只有把出版工作和伟大梦想、伟大事业、伟大工程、伟大斗争融为一体，学术出版才有根。如果我们学术出版不融入火热的中国特色社会主义的这一场人类世界最伟大的变革当中，或者我们没有很好的在这方面发挥作用，我们就辜负了这个时代。我认为这方面至关重要，我希望我们的学术出版要紧紧围绕中国特色社会主义，把中国的道路、中国的理论从政治上讲清楚，能把自己的人心凝聚起来，能够得到世界其他学者们的认同，这需要学术语言，不是喊口号就可以的。

要紧紧围绕中国的经济建设，使我们的学术出版能很好地支撑中国的经济发展，这方面我们和世界学术出版的水平差距很大，我们现在这方面的声音很弱。

紧紧围绕中国的学术研究，把创新成果反映好，创新成果现在呈井喷式增长，中国成为世界第二大论文生产国，高水平的论文从40年前的全球第12位提升到第4位，未来也会变成第3位、第2位，甚至更前，这方面学术出版要跟上去，现在主要学术成果都在国外发表，我们反而需要买回来支撑科学研究，这个状况要改变。

第二，中国的学术出版虽然有悠久的历史，但是不得不承认，在过去相当长一段时间内，中国的学术出版相对于大众出版、教育出版而言这条腿是短的，我们既要跟上历史进步的潮流，同时还要补上我们过去学术出版的短板，要交两份答卷，而这两份答卷我认为同等重要，因为在改革开放初期和之后相当长一段时间内，我们由于纸张紧张、印刷困难，那时候后面的引文都不印的，现在条件好了，怎么把学术出版做规范，在原有基础之上再用好新技术，要交上两份答卷。

  第三，用好新技术提高学术出版管理水平。在反盗版这个问题上，用好新技术我认为至关重要。我举一个例子，经济科学出版社原来有一本注册会计师的考试用书和解答用书，这本书过去年销售在三千万元左右，因为有70%都是盗版。今年他们提高技术水平，每一章后面附个二维码，把出版社和学者的增值服务加进去，你买了正版书才能享受这一份服务，有意思的是，今年销售额一下子从三千多万元增长到九千八百万元，很好地解决了盗版问题。由于信息技术的进步，我们不仅可以把学术出版做好，还可以把学术出版的许多难题解决。

中国学术图书质量分析与学术出版能力建设

谢寿光[*]

党的十八大以来,以习近平同志为核心的党中央,提出治国理政的新理念、新思路、新战略,在经济、政治、文化、社会和生态文明五大方面做出全面的战略部署,并明确提出繁荣发展中国特色哲学社会科学,实现文化强国的战略目标,而推动学术出版的大繁荣、大发展,无疑是实现这一战略目标的应有之义!因此,全面准确了解目前中国学术图书质量现

---

[*] 谢寿光,中国出版协会副理事长,中国社会学会秘书长,时任社会科学文献出版社社长。

状、深入研究学术出版机构的出版能力，改进和完善学术出版的评价体系和评价方法，从而提升中国学术出版质量和水平，具有重大的紧迫性，这也是我主持的社科基金重点课题"中国学术图书质量分析与学术出版能力建设"研究的任务和目的所在。下面我分三个方面进行报告。

一 学术出版现实：新时代的中国机遇

当下，中国经济从高速增长阶段进入中高速增长的"新常态"，虽然人口红利不再，但新常态下的转型就是要寻找改革红利。对于学术出版来说，恰恰迎来了双重利好的叠加。

第一，学术产品供应与学术产品消费双向增长。"十三五"时期，中国进入全面建成小康社会的决胜阶段，国家和社会对人文社会科学知识服务有巨大的需求，这将推动人文社会科学研究特别是新型智库建设的更大发展。与此同时，科学技术在大数据时代也呈现加倍发展的态势。因此，无论从学术的供应端还是消费端，都将呈现双重利好叠加的态势。

第二，学术产品的消费占比将持续增加。2015年，中国人均GDP达到8400美元，迈入中等收入国家行列，数以亿计的中产阶层对学术出版物，尤其是对满足其深度阅读需求的人文类学术图书的消费支出占比无疑将持续增加。数字时代的年轻人并非都是在浅阅读、轻阅读或快速阅读。我做过一些数据分析，2015年以来，中国的实体书店实现了正增长，当然这个正增长和国家的政策支持有很大的关系，但也说明人们深度阅读的需求开始释放出来。依靠国家的支持、全民阅读的推广，图书市场的销量明显增加了。另外，中国人文化消费支出占年消费支出的比例是非常低的，人均购书额2015年不到50元，假设每年增加10元的消费支出，可想而知，一年将增加多大的市场！

第三，当代中国研究引发热潮。中国已成为全球第二大经济体，中国尤其是当代中国已成为世界热门话题，全球思想市场中关于中国学术的比重将持续上升，中国已成为学术论文、学术图书的第二生产大国；同时，世界几乎所有的知名高校都在开设有关中国的课程乃至设立当代中国研究中心。我国大众图书想进入西方的图书市场很困难，但有关中国内容的学术出版物在国际市场将持续热销。无论是纸质书还是电子书，都会有很大的空间。很多的出版业同行都知道，最近几年，国际上大的学术出版机构都纷纷加大对中国的投资，这对我国的学术出版绝对是一大利好。

第四，中国学术出版能力快速提升。传统出版业经过互联网的洗礼、淘汰，正在焕发新生和活力，学术出版作为专业出版的一个重要门类基本在中国确立，中国的学术出版能力近几年得以快速提升，有部分国内学术出版机构已具备与国际知名学术出版机构合作、对话的能力。仅以社会科学文献出版社为例，我们早在十年前就与荷兰博睿出版社合作出版了皮书系列的英文版图书，与斯普林格出版社合作了"当代中国经济报告"系列图书。至2016年，社科文献出版社出版社已出版外文版皮书近百种，除繁体中文外，涉及英文、日文、韩文、俄文等多种语种。我们开发的皮书数据库，已被美国国家图书馆、哈佛大学图书馆、斯坦福大学图书馆、加州伯克利大学图书馆、德国国家图书馆等采购使用，成为世界研究当下中国的最重要的基础数据库。

二 学术出版趋势：新技术 新挑战

互联网浪潮席卷一切，深入一切，学术出版生态也在发生新的变化。

第一，阅读方式方面，面对信息时代的海量资源，数字化阅读渐成主流阅读方式。截至2015年，我国成年国民数字化阅读方式的接触率已达64%，连续7年持续上升。通过终端设备尤其是便携的移动终端进行碎片化阅读、泛阅读成为阅读新特点。

第二，学术知识需求方面，人们对知识的需求呈现更加专业化和多元化的特征，对专业深度资讯、细分领域资讯、个性化研究成果的需求成倍增加。碎片化阅读、泛阅读习惯下的深度专业资讯服务，乃至全方位的知识服务，成为知识提供者的重要竞争力之一。

第三，学术生产方式方面，学者开始运用技术工具提高科研工作效率。基于大数据技术的新科研工具的应用，更使学术生产能力迅速提升、学术产品呈爆发趋势。大数据促使传统科研范式转型，数据密集型科研成为重要趋势。过去的学术论文写作耗时费力，现在通过数据库很快就能查询到研究所需资料，大大降低了学术内容生产的时间成本。海量数据替代了实地调研，在生产领域为学术出版提供了无限可能。传统学术出版所推崇的"十年磨一剑"成为历史，"一年磨十剑"成为常态（至少在社会科学学术领域是如此）。交流互动在学术生产中的作用日益突出，互动式出版成为学术出版新亮点。对此，可成为佐证的是，近年来，学术专著特别是个人学术专著品种占比下降，而专题论文集、研究报告集等合著、合编学术图书的品种占比明显上升。

第四，出版主体发生变化。数字时代也是自出版时代，学术出版门槛开始降低，学术交流屏障进一步打破。自出版平台、免费出版平台涌现，众筹出版作为一种新的出版方式登上舞台，知识生产者与编辑的界限开始模糊，"研而优则编，编而优则研"成为学术研究和学术出版的常态。

三 学术出版路径：深挖掘 再出发

1. 构建科学的学术成果、学术出版的评价标准、评价体系

相对于自然科学，人文社会科学由于学科类型差异较大、学术价值显现周期较长、成果转化应用方式模糊等特性，其成果评价的难度更大。因此，要建立一套科学可行的评价体系，取得客观性强、认可度高的评价结果，尤为重要。这两项工作在学术界及业内已经逐渐形成共识，2011年11月教育部《关于进一步改进高等学校哲学社会科学研究评价的意见》明确指出：探索符合人文社会科学特点和发展规律的评价体系，完善以创新和质量为导向的科研评价机制，对我国人文社会科学的繁荣发展具有重要的导向、激励与诊断作用。要改变目前重量化指标考核、轻同行评价的评价方法，要努力构建并实施符合人文社会科学的生产和传播规律的学术评价体系和学术出版规范。

2. 实施智慧出版战略，提升学术出版领域的研究水平

大数据时代，面临指数级数据增量，作为知识服务提供者，学术出版机构应尽快完成数字出版系统搭建、资源库建设等基础建设，尽快启动知识服务体系建设：以软件系统为媒介提供内容产品与信息服务；面向用户实现知识资源集成；以知识体系和知识关联来标引、管理、整合、展现内容资源；以智能技术实现知识资源的动态构建与扩展，提供专业信息服务与知识服务。依靠单本精品书孤军奋战的时代已经过去，打造内容整合平台才是未来出版业之本。以专业数据库为平台、以知识服务为导向、全面整合学术资源的出版模式，将成为学术出版新常态。学术出版全行业应搭建专业知识服务平台，并找到适合自身的盈利模式，知识、服务、技术都可能成为新的盈利增长点。

整个学术出版行业虽然立足于内容资源，但也要保持对新技术的敏感度，重视对新技术的应用，以技术的强大助力实现内容资源价值的最大化，实现用户服务的精细化。以技术促进学术研究、传播知识价值，实现智慧型出版，提升我国的学术话语权，是中国学术出版者不可推卸的责任。新技术的冲击下，不进则退，学术出版单位应树立起大数据时代的学术出版自信，把握机遇，创造学术出版新辉煌。

3. 打造五大能力，全面提升品牌价值

坚持学术出版的专业化，着力提高学术出版门槛。要在全社会倡导一种弘扬人文理性、尊重社会科学的专业精神。学术是有边界的，每个出版人要对学术怀有一颗敬畏之心，要提倡一种专业精神。正如前文所说，当下中国学术出版泥沙俱下的局面必须打破。学术出版的每个环节、每一位参与者都应当负起责任。仅就出版者而言，

应提高出版门槛，以人文的、科学的标准判断作品，生产真正传承人类文明、代表人类智慧结晶的权威、前沿、原创的产品，引导并培养读者健康、积极的阅读习惯。

学术出版机构应该牢固树立品牌意识、秉承传播学术的使命，在着力出版优秀的学术专著的基础上，根据自己的特色准确自我定位，针对自身特长打造学术品牌战略。通过全面提升学术资源整合能力、学术产品加工能力、学术产品营销传播能力、学术数字化能力和国际学术出版能力五大能力，从选题论证、编校质量管控、学术规范把关、政策支持、编辑队伍建设等方面入手，打造属于自己的学术品牌。

中国学术出版具有规模巨大、学术出版工程迭出、学术译著出版长盛不衰、中外学术互动合作日趋密切等发展优势。同时，中国学术出版也受到了投入产出严重不成比例、数量与质量的发展严重不平衡、专业化水平低、学术出版规范严重缺失、学术评价体系紊乱等因素的制约。当前，繁荣中国学术出版必须抓住机遇，重新定义学术出版，重新构建学术评价体系，构建科学、合理的知识分类标准和知识分类体系；培养专业的学者型、复合型编辑人才，坚持学术出版的专业化，提高学术出版门槛，打造新的学术出版生态链条。

贺耀敏*

提升皮书出版质量，引领学术体系建设

在我国哲学社会科学繁荣发展的今天，一个重要的进步与发展的标志，就是以问题为导向的科学研究越来越深入，重大的理论问题和实践问题的研究成果越来越多。中国社会经济快速发展本身也体现了中国哲学社会科学的研究水平和研究能力。国家经济实力的增强、国家国力的增强和我们哲学社会科学的发展是同步的，这个过程中，哲学社

---

* 贺耀敏，教授，博士生导师，时任中国人民大学副校长。

会科学做的贡献也是大家有目共睹的,其中一个很重要的标志,就是以中国社会科学院各研究所科研成果,特别是以研究报告为代表的科研成果的大量出现,这是我们国家哲学社会科学发展的重要标志。这种系列的研究报告是这些年十分经典的和十分突出的理论出版产品。从一定意义上来讲,这些报告代表了我们国家时政研究的进步。全国每年出版多少研究报告,我不完全掌握有关数据,但据介绍仅在社科文献出版社出版社出版的就已经达到四百种了,我原来工作过的中国人民大学出版社一年也要出版超过50种,全国估计有数千种之多,所以研究报告是很重要的出版系列。

一 研究报告的大量出版反映了我们这个时代社会进步的速度和节奏

研究报告以其独特的方式成为学术研究和政策研究的新宠。从哲学社会科学领域的研究报告分类来讲也可以分为三个类型,这是谢寿光社长长期从事于研究报告的研究与出版的学术贡献。研究报告大量的出现,从一定意义上讲代表了我国社会的进步和学术繁荣,也是社会进步和学术繁荣的重要标尺。研究报告在其他国家出现的比较早,很早就是一种重要的学术研究和政策研究的成果,并且成为引领学术研究和政策研究的一个重要的产品。研究报告在我们国家出现比较晚,大约是在20世纪90年代才开始出现的,到现在发展也不过就是30年左右的时间。但是研究报告在中国的发展速度却是相当快,已经成为我国学术研究和政策研究的重要成果和出版系列。

1. 研究报告的大量出版是社会进步的主要指标或者重要标志,从社会经济发展进步角度来讲,研究报告的大量出版意义也十分深远,有这样几个方面是十分突出的。第一,研究报告是社会诚信的重要标志。研究报告的大量出版意义就在于此,无论是组织撰写的研究报告还是个人主持的研究报告,都是对社会经济发展某一方面的发展变化的研究成果的体现,也是真实记录这种进步的重要文本,这可以说是研究报告的一大特点。研究报告的价值就在于它真实、诚信,否则不具有意义。我们看到几乎所有的研究报告都有大量的数据,有历史数据支撑、当期数据支撑,这是研究问题深化程度的重要指标。第二,研究报告是信息公开的重要标志。研究报告是在现阶段对于某一领域信息占有比较全面、系统的研究成果,信息的占有和披露是研究报告公开发布的特殊内容,我们对于研究报告的关注主要源于信息的披露,它信息量大,可以获得信息系统化的优势。第三,研究报告是大众参与的重要指标。研究报告需要社会的广泛关注,也容易引起大众的广泛关注,原因就是研究报告吸引着大众对于某一问题的深入了解和关注,大众参与度越高,研究报告的影响力越大。比如人民大学出版社一直在出版人民币国际化研究报告,这是国际关注度比较高的研究机构的研究报告,它追踪人民币国际化进展和趋势,预测人民币在下一年的发展变化,所以海外出版界对这个报告追捧就比较多。

2. 研究报告的大量出版是学术出版和出版繁荣的重要标志。从学术与出版发展繁荣角度来看,研究报告的出版意义同样有三个方面。第一,研究报告是学术发展的重要指标。研究报告越来越成为某一领域学术发展的重要标尺,度量着某一领域学术的深度和广度,呈现着某一领域的研究状况和问题，记录着某一领域学术的进步与成就。刚才谢寿光社长介绍了陆学艺研究员主持的研究报告，他的研究团队对中国社会发展和社会阶层的研究可以说是始终处在最前沿的水平，是那个时代我们社会阶层分析和研究的重要成果，再过若干年人们还会去翻看那样的报告。第二，研究报告是学术团队建设的重要标志。绝大多数的研究报告都是学术团队集体研究的成果，反映学术共同体的思考和困惑，而哲学社会科学的重要进展就是研究团队的构建和协同研究的创新，研究团队的构建越来越成为当今学术研究取得突破的最新探索。中国哲学社会科学的研究创新，没有学术组织的突破，很难讲哲学社会科学研究会有很大的突破。这些年来各个领域都会进行很多的创新，比如协同创新中心等，都试图在科学研究中寻求组织创新。经济学上也经常讲劳动组织形式的创新往往是推动社会进步的重要因素。马克思深入研究过分工并丰富了分工理论，分工是什么？分工就是社会组织创新，社会组织创新必然会对社会生产活动有巨大的推动。我注意到人们对社会组织创新的关注度越来越高，不少学校正在搞"双一流"建设，"双一流"建设的一个主要内容就是一流学科建设。在一流学科比较关注学术组织，新兴的学术组织的组建、新兴的学术组织的创新，或许会带来很大的学术突破。第三，研究报告也是出版繁荣发展的一个重要的标志。研究报告已经成为我国出版领域的一个系列化的新产品，它更多的系统化地记载了我们学术发展变化的进程，也成为学术支撑出版繁荣与发展的一个重要的形式。

二 研究报告出版过程中存在的一些问题

研究报告的大量出现是学术研究繁荣和学术出版繁荣的重要体现，研究报告的发展速度还是不断在加快，我相信未来还会有更多的研究报告以各种形式出现，还会有更多领域、更多方面、更多内容的研究报告呈现在大家面前。但是研究报告的特色也应该更加突出、更加鲜明。

我十分认同谢寿光社长这个团队创立的研究报告的六大特色，这六大特色是衡量一个研究报告是否合格、是否成熟的重要标准，不符合这样的标准和要求，至少可以说不是一个合格的研究报告。我在若干个场合都谈过我的意见，那就是对于皮书和研究报告来说，首先是遵守学术规范，具体说就是这六大特色。社科文献出版社多年来已经作出了很好的示范，我认为已经编写了研究报告的主持人或者研究团队，一定要认真学习和研究这些规范。

摆在我们面前的研究报告存在很多不足，归纳起来有这样几个方面。

第一，内容质量参差不齐，没有比较统一完整的内容标准和质量标准。一些研究报告内容松散、庞杂，东拉西扯，通篇没有内在学术逻辑和学术关联，这种研究报告现在的确是比较多。第二，研究报告不讲学术规范和学术标准，随意性很强，概念、范畴没有专业界定，想怎么写就怎么写，甚至作者都说不清研究报告的概念含义是什么，这样的研究报告研究价值和出版价值就很值得怀疑。有一些研究报告还生造了一些词汇，这种研究报告的倾向需要彻底修正。不能因为学术出版资助使我们出版的学术标准和学术要求下降了，这个要引起我们高度的关注。第三，研究报告存在学术原创不足。很多研究报告都是急就章或是资料汇编、论文汇编，美其名曰研究报告，实际上是炒冷饭、做拼盘，这样的研究报告意义也不大，读者读起来味同嚼蜡，引用时也深感为难，对数据资料的来源没有说明或很少说明。第四，不少研究报告不遵循写作规范和写作要求，把严肃的学术研究变成了作者的喃喃自语、自说自话，不讲学术渊源，来无影去无踪。研究报告变成了个人的著作，这样的研究报告严重影响了它的学术性、准确性、严肃性和权威性，很难达到它本身应该承载的作用。

三 时代呼唤学术界和出版界共同推动研究报告的"质量工程"

研究报告的撰写和出版发展到今天，数量的增长应该告一段落了，目前已经有几千种之多了，应该把质量的提升提到议事日程上来了。我认为现在是推出研究报告"质量工程"的时候了，要把研究报告的质量提升工作作为引领我国学术体系建设的重要环节和重要抓手。

从学术规范和学术引领的角度来看，研究报告有许多工作需要我们共同来做。第一，要从研究报告的组合方式、整合方式上推进质量工程。研究报告必须有一个稳定的学术团队，必须有一个持久的研究问题，必须有强有力的信息和资料的支撑。第二，要从研究报告的整体设计、顶层设计上推进质量工程，包括新闻广电总局对研究报告的指导,研究报告应该成为最能体现科学规范的成果,而不应成为随意的、任意人都可以编写的成果。第三,要从鼓励不同出版社之间的联合推进质量工程。社科文献出版社作为全国研究报告的质量工程的推动者,推动制订研究报告的公认标准。

我们要提高对研究报告质量工程的认识,将其作为今后一段时期的重要工作。第一,要积极实施研究报告的质量工程,这不仅是图书出版质量的问题,而且是关系中国学术品质、学术面貌、学术可信度的问题。国内外学术界通常把研究报告作为中国可读、可信的图书,如果我们的研究报告达不到这个目标,甚至误导读者,那就是很大的问题。要推动专门的学术研究机构和学术出版单位共同制定有关研究报告的规模、内容、质量和评价等标准,推动全国各类研究报告编写内容、编写水平和"编写质量"的显著提升。希望谢寿光社长和社科文献出版社勇于承担这样的责任,为出版界作出贡献来。第二,提升研究报告的质量工程要积极促进研究报告基础上的学术体系建设,要规范研究报告的组织编写,探索哲学社会科学新的研究方法和新的叙述方法,探索哲学社会科学研究的长期积累、问题研究、年度分析之间的联系与区别。年度报告不能写历史。一些年度报告在问题研究中漫无边际,每每谈及一些问题就会提到几十年前和十几年前的数据,与研究关联度不高,说服力也不强。要规范研究报告的研究对象,研究报告的突出特点是对某个学术领域或者某个社会经济问题进行的学术研究和回应,而不是学者个人兴趣的淋漓展现。要规范研究报告的撰写范式,培养研究报告的撰写队伍,加强研究报告的原创性、时政性和专业性的要求,这是研究报告最基本和最重要的要求之一。第三,通过研究报告建立学术中国的窗口，研究报告具有连续性、前沿性和时效性的特点，已经成为我国与国际学术界进行学术交流与合作的崭新领域了，已经成为海外了解中国发展变化的重要途径和产品线了，尤其是我国权威智库的研究成果更是它们了解中国的主要参考文献。所以实施研究报告质量工程有利于中国学术国际地位提升和国际形象改善。

今天的时代，知识生产越来越成为最重要的社会生产活动和社会创造活动，创新型国家必须建立在知识创新的基础上，研究报告是知识创新的重要途径。我们应该牢记习近平总书记的要求，深刻认识中国哲学社会科学发展到今天需要形成了自己的特色、风格、气派。这种特色、风格、气派的形成，也是成熟的标志、实力的象征和自信的体现。希望我国学术界和出版界通力合作，努力增强中国哲学社会科学的国际影响力，大力提升中国哲学社会科学的国际话语权，积极推动中国哲学社会科学形成鲜明的中国特色、中国风格和中国气派。

中国学术出版十年（2011~2020）

圆桌论坛
——————

学术出版与知识服务

主持人： 令　嘉　百道网总编辑
与谈人： 田　丰　中国社会科学院社会学研究所研究员

　　　　　　张　薇　豆瓣时间内容总监

　　　　　　阿　狮　罗辑思维得到APP"每天听本书"负责人

　　　　　　董风云　社会科学文献出版社甲骨文工作室

令　嘉： 我们今天的题目是"学术出版与知识服务"，大家都知道，整个知识服务是

2016年特别是2017年一个很热门的话题,而且在大众出版领域掀起了波澜。今天的嘉宾里面,有来自得到的阿狮,还有豆瓣时间的张薇,他们都是做这方面做的比较好的,特别是得到,可以说为我们的内容提供开辟了一个新的赛道。

我们有一个预判,觉得整个知识服务在我们大众领域是先开了一朵花,开枝散叶可能还是在我们教育领域、学术领域。我想简单介绍一下今天的两轮讨论。第一轮我们想请四位嘉宾先谈一下他们作为学界的人,作为平台方的人,作为出版方的人,他们怎么看"听"的事,他们"听"的用户体验是什么?先请田丰老师开始!

田　丰：谢谢主持人,谢谢社科文献出版社给我这个机会来说一下自己的感受。因为我们现在进入互联网时代,其实最近有一个比较新的词叫"APP一代","APP一代"什么意思呢?就是我们现在年轻人跟以前的互联网一代还不一样,互联网一代还是在PC端,现在到了手机端,说得准确一点就是APP,所有生活都依赖各种各样的APP。其实我们现在每个人都不可避免地进入这样的时代,在这个时代里面我们去学习,而且现在的学习又强调终身学习,我们利用碎片化的时间,用"听"的方式来学习,这种学习的方式是在一个新的时代里面一个新的模式。

我们是做研究的,我们做社会学研究的过程中,经济学、管理学知识又不可能回到课堂里面重新学,所以我们在网络课堂、在APP里面学到这种知识,对我们研究工作来讲就是极好的补充。

张　薇："听"对于豆瓣时间来讲,我现在能想到三件事情。第一，从产品角度来讲，我们在上线豆瓣时间之前，豆瓣的产品部门、工程部门紧急地开发了一套播放器的系统，对于豆瓣 APP 来讲是一个新的基础设施，对我们来讲也是一个产品建设。

第二，从用户角度来讲，"听"可以利用当下快速的生活节奏里面非常宝贵的一段平行时间。通勤、做家务等所有能够想象到的双手和眼睛在忙碌的时候，"听"依然可以作为获取内容的一种方式，所以对用户来讲它是非常宝贵的。

第三，作为一个内容付费产品的从业者，我能够看到它的特点，比如它在绝大部分的时候是闭庭的，它更需要开门见山而不是水到渠成。所以在做产品的时候，我们会围绕着听的体验做一系列的品控的设计，这也确实是豆瓣时间一年来摸索出来的也必须要做的事情。当每一个人变成一个听者的时候，不管他是什么样的学术水平、什么样的状态，他都符合听者共同的属性，就是需要非常好地帮助他克服溜号，在听觉上达到聚焦效果，这部分需要我们不断坚持研究提供更好的体验给大家，因此"听"真的越来越重要。

阿　狮：我来讲一下我自己对"听"的理解，为什么现在要听？我觉得这是一个不得已的事情。我们很多人看书的时候，会觉得书中的内容能够给我们带来跟作者本人的对话。如果用音频的方式，通过一系列的技术手段打磨这个产品，能够让你在听的时候，有一种跟讲述人在一对一沟通的感觉，这是第一个不得已。

第二个不得已，就是因为我们真的太没有时间了，在北京你去哪儿不得花个半小时，甚至一个小时以上。在这个通勤的时间里面，在车上或者在地铁上，要是捧着一本书看体验会很不好，所以"听"

也是在我们碎片时间里面一个不得已的解决方案。

第三个不得已,是因为我们的五感很容易被分散,比如我自己在认真挑灯阅读的时候经常容易被别的信息所干扰,如外面的歌舞声音,或客厅电视的声音。而人在听东西的时候需要注意力相对集中。看很容易被分散,而听的时候是单一的输入,你必须得感受跟他一对一对话的感觉,这也是我们做内容的时候花很多时间打磨的东西,怎么让你听的时候能够沉浸进去,让你在碎片时间里可以获取高效的知识,这是我自己听的感受。

董风云:我的想法跟他们几位可能有一点不太一样,因为我本人其实并不是一个忠实的"听"的用户,因为我听得非常少,我觉得第一我没有这个习惯,第二可能有的书"看"起来更符合我对这本书的需求。我还有一个感觉,其实今天说的听书也好,听内容也好,对于严肃的学术出版,我们用听的方式是不是合适呢?其实我是持怀疑态度的。我觉得现在听的内容,相对来说都是更容易被大家接受的东西,而我们一直要深入学术出版的层面,我不知道听还实不实用。

我自己也是很少听的,我订阅了一些聊天一样的内容有空闲的时候听一听,但是学术出版能不能用听书来解决,我保留意见。罗辑思维跨年演讲上罗振宇说得挺对,我们都是传统行业,出版是一个古老的行业、传统的行业,将来像这样的行业如何在知识服务时代发展,我们想不出来一个路径,有可能是听书。但听的形式如何介入学术,我们想不出来,但是互联网能够做到,因为我们是被抵达的,互联网会给我们找到路径,而我们不用去想,我们只需要做好我们的内容就行了。

令　嘉：原来作者、编辑、读者是一个共同体,他们是对文字特别敏感的人,现在得到发现一拨新的潜在人群,他们可能对文字有兴趣愿意吸收知识,而且愿意付费,几位对这个问题怎么看?我们把这个问题交给董风云老师。

董风云：其实我觉得我们这个部门,包括我们所做的这一套甲骨文书系,当然有一系列相对严肃的学术读物,是一些国外真正经典的学术作品。同时我们还有大量的、相对接近普通读者的图书,但是也不是严肃的大众学术作品。相对来说,比如历史类的就是大众范畴的,我觉得这样的书完全可以做听书,它的文本很漂亮,能够朗读。这样的书我们在亚马逊可以很清晰地看到,它会找一个声优把全文朗读下来,这是属于有声书的部分。

有声书的部分其实在比较发达的市场是很成功的,它本身对作者是一块收入,对出版社也是一块收入。很多读者也有各种各样的原因,因此读者这里有很大的一块听书市场。这块我们没有开发,但是我们也在考虑这个问题,因为我们有一批这样的书,文本很好,并不是很深奥的学术作品,非常适合来朗读,我们需要一个合适的平台来开发。

现在我们在考虑的另外一个事情跟阿狮有非常大的关系,我们整个甲骨文团队会把我们的作品跟得到进行深度开发,成为阿狮部门下面的"每天听本书"的内容。我觉得对我们这个传统的,说得具体一点像小作坊式的、愿意打磨一本好书的部门来说,最大的意义在于我们自己其实是需要创作这些产品，因为"每天听本书"并不是朗读这些文本，而是要在这些文本基础上进行一些创作，以适合于普通读者、普通听众来认知这个书的内容，创作是由我们编辑团队来做，我觉得对于一个出版团队来说最大的意义就在这个地方。在这个时代，当我们被抵达的时代，当互联网已经蔓延到我们这儿，我们不得不融入进去的时候，我觉得除了传统的出版业务，我们的编辑和团队能跟所谓的新的知识服务形态结合起来，得到一种升华。也许他们以前没有意识到他们有能力来做这个事情。

我们签了一个框架性的协议，每年提供50个产品，其实就是这50本书每天读一本书，一本书要写七八千字的脚本，这些脚本要有非常强的感染力，让人喜欢。我们一些编辑一开始的时候，包括我自己，觉得可能写一个东西不是那么容易，因为我们习惯运用那些传统的文本，比如封底的文字，这些都没有问题。但是要让听众觉得这个有意思，不是太容易。但是经过一段时间对编辑的简短培训，他们拿出一些东西的时候，我们发现传统的编辑是可以适应这种状态的。对于出版社来说我们有很多的潜力还没有挖掘，我们需要被抵达，但是被抵达之后我们需要做更多的准备，其实就是一个角色的转变问题。

令　嘉：我很受启发，董老师讲的这段话很清楚，出版社的产品有分层，读者对象也有分层，所以我们给它不同的产品形象。像我们社科文献出版社的皮书，可能是我们提供给学者的非常好的东西，但是像甲骨文品牌，我们的对象是软学术的、喜欢人文社科类的大众读者，我们可以在知识服务这块去发力的，实际上你们已经在做这个工作了。

阿狮，正好刚才董老师提到跟您这块合作"每天听本书"。说实话，我要代表我们行业问一个问题，我听到很多声音说有一些担心，"每天听本书"讲一个话题下来25、30分钟，把核心的东西都讲了，我们还要不要买那本书、读那本书呢，这是大家的一个共同的问题。

"每天听本书"事实上非常希望和我们出版业结合起来一起做这件事，这也是为什么得到在我们百道学习上开了33堂课，让大家学会怎么样去做这一类的产品，你们真的是掏心掏肺地告诉大家产品怎么打磨，目的还是要让大家和你们一起来做。所以我想请你分享一下，"每天听本书"到底会不会撼动我们的纸书收入？因为纸书是我们出版社99%的收入来源，都是来自纸书，会不会以后大家都转向了"每天听本书"了？

阿　狮：这个确实必须要向同行们解释，这是只要涉及跟出版社合作大家都会提问的问题，其实详细的内容我在百道网的内容里面都写了，大家可以下载百道网听那个内容。

从我们为什么要做这个产品，到现在这个量，我来解读一下。最早我们初心特别简单，就是想给大家省时间，因为大家没有时间看书，你如果能够花二三十分钟时间把书的核心内容听完，不是很方便吗？但是做了一段时间之后，我们发现其实不是这样的，后台有个用户留言，他是一名程序员，他说我听你们讲了一本《梵高传》，特别有兴趣买它看一看，首先因为我的知识视野，我完全不可能翻开一本《梵高传》，因为你们，我听到了它，你们讲的内容对我的工作、生活都有用，所以我愿意去买它，这就重新让我们回想这个产品定位到底是什么，它确实能够给大家省时间。

另外它更多给大家提供了跨界学习的可能，因为今天这场需要讨论学术出版，我相信对于非学术出版行业的从业者，甚至对于大部分的人来说学术书籍都是高高在上或者束之高阁的东西，因为他们一想到翻开那些书都是很多专业名词，没有在那个话语体系里面是很难去理解的，而且如果你把那本书用有声书的方式朗读出来更不能理解，更难了，效率反而更低了。

我相信董老师跟我们合作"每天听本书"的时候也能发现，不只是将这个书的内容直接翻译过来，而是要做很多周边工作的加工，包括要解释作者的思想。其实"每天听本书"是在把一个可能看起来离我们很远的东西，能够更好地抵达客户。而且做"每天听本书"以后，我们跟出版行业的同事说，你们真是太不容易了，比如一本书20万、30万字，你们向普通大众展示吸引他们的东西，更多只是封面、封底或者腰封，可发挥的东西真的有限。我听到编辑说，可能一本书的书名没有起好，一字之差可能会影响到它的销售。"每天听本书"20~30分钟，其实给我们的编辑提供的机会就是你有足够长的时间把它的优点或者出版人背后的故事淋漓尽致地展开，对于读者来讲就更能知道你要给他传达什么，对他来说价值点在哪儿，而不只限于一个封面或者一个腰封或者谁的推荐，其实我们把营销的空间、表达的空间拉得更大了。

2017年12月31日我们发布了《枢纽》这本书，这本书的定价很高，99元，是施展老师的研究成果，目前纸书销售已经七八万册，同时我们对这个产品做了非常丰富运营，把它打造成大师课，同时我们还请施展老师做了30分钟左右的听书的讲解，这个也有七八万人使用，其实是不影响的，纸书的销量出版社也很满意，加上立体的运营让这位老师有更大的收益和影响力。

我也做"每天听本书"这个产品的用户调研，跟他们谈论，你们怎么能够花这么多时间听书？听什么呢？很多人会把听书当成一个筛选书的途径，花 10 分钟，甚至有的用户可以 2 倍速、3 倍速去听音频，可能 10 分钟全部听完，他确实有兴趣，立马就会去买书。同时得到也会提供全系列的服务，比如电子书在下面相关，用户就立马买了。

我们从实际经验出发操作了一千多本书，不但没有影响到纸书的正常销售，反而对纸书来说是很好的推动、营销、推广，因为它有更足的空间容纳作者和出版人想要跟用户传达的东西。我们是把这个产品往前推进一步，离用户再进一步，是这样的过程，详细的过程在百道网上已经有一个五讲的内容，去讲一个听书的产品我们花多长时间打磨，多长时间参与。一个产品至少净耗时两百多个小时，同时也会涉及很多人员去把关二三十分钟的产品。至于跟我们的合作，我们是完全开放的，跟各个出版社合作，包括严肃的学术出版，我们也可以尝试去做，因为在这个时代一定有更好的方式找到适应用户的表达方式和产品形态，这个方面也是我们非常想要重点突破的。得到未来更像一个大学，除了通识类的，比如大学生的必修课要学之外，那些进阶的课程，比如研究生、博士生课程也要学，因为我们很多学术著作就是博士论文，这些东西对于一些深度用户、重度用户是非常有需求的。只要我们能够摸索出这个产品形态，就能够直接把这个产品放在大家面前。

令　嘉： 其实我有一个小小的建议，不知道有没有可能实现。我们可以做一个长期的跟踪，比如像书的销售和听书产品之间的关联度，发布类似这样的数据，百道网很愿意作为第一发布平台。对这个行业也是很好的，实际上就是增加了一个版本，非常感谢阿狮的分享。

下面我特别想请豆瓣时间的内容总监张薇老师聊一聊。据我所知，豆瓣原来是一个UGC（用户生产内容）的平台，现在也开始上线知识服务的PGC（专业生产内容）产品，从一个用户大量生产内容的平台转型到一个专业人士来生产内容的平台，肯定会面临一些价值体系过滤的新的标准出来，怎样让出版社的老师们很好地把他们的内容提供到比如像豆瓣这样的平台上面来播放呢？

张　薇： 谢谢令嘉老师，我跟大家分享一下豆瓣在做内容上的考虑和做内容产品的考虑。我们初始有一个判断，就是内容付费是什么样的内容。我们认为应该是三个方向，一是肯定知识是值得付费的；二是要做能使人成长的内容；三是要做稀缺并且跟用户有关系的内容。这三类内容都是值得大家付费的。

首先，究竟什么能够变成内容产品使大家付费，我们还是要回到用户本身。如果在豆瓣上面做内容付费产品，我首先要看豆瓣用户。豆瓣从2005年创办到现在13年，我们深耕书、影、音这些领域，聚集了1.6亿的注册用户，应该是非常大量的用户群，他们在上面留下了痕迹，留下了大家消费书、影、音和分享书、影、音自生产的大量内容，这些都是我们的数据，也是我们做内容产品的依据。所以我们首先要看到现在依然在豆瓣网上活跃的豆瓣用户他们的需求或者他们付费的可能形式。

其次，我们判断豆瓣知识用户有一个特点，他认可知识结构能够给自己带来所谓"君子以多识前言往行，以畜其德"，他认可通识能够建立自己的见解、气识，他认可通过知识能够建立自己的思想能力。所以在这点上讲，我们筛选内容的时候是非常清晰的，回到非常真诚的知识本身，或者有价值的内容本身。

这一年当中，其实我们也跟很多出版社有过合作，经常碰到的情况是，大家出一本新书，然后找到豆瓣说，这个能不能做成内容付费产品。首先，我们跟大家说，我们肯定不做有声书，因为它不太符合我们想做的付费产品的方向，就是它没有在单位时间里面提供更有效的信息密度。其次，我们要跟出版社的老师们讲一点，一定不要把内容付费产品理解为一本书的衍生物，它不是附庸，从各种角度来讲它都不是，比如它有独立的收入，如果做得好它的收入很可观，并不差于一本书的收入甚至要超过它。第三，它可以产生影响力和品牌效果，也许通过互联网这个放大器，能够触达更多的用户，甚至要超过这本书在读者心目当中的影响力。所以从种种角度来看，我们要独立评估一个选题，它是不是有可能成为一个付费内容的产品选题。

时间有限，简单分享一下我们论证和筛选的机制。一年下来，我总结我们要做到7个字，叫有益、有趣、有关系，我们考虑这个内容能不能变成用户需要的产品的时候，需要考虑这三点。

有益，首先一定要有价值，而且是真诚的有价值，这个我前面讲过。在座的尤其是社科文献出版社出版社的各位老师们，肯定对价值的判断要更严肃，而且更有力道，知道这个内容真正的重要性。

有趣，就是它一定要有非常好的界面。我们确实是在做服务，我补充一点点阿狮讲的部分，书和内容付费产品的关系，它真的是搭建了和用户之间的最后一公里，抵达的东西是非常强烈的，而且是很重要的。我们所有人，尤其是在做大众的不做垂直类的内容付费产品的，都会发觉这件事情。从这点上讲，我们既然提供服务，就要了解用户怎么样能够更感兴趣，所以有趣是非常重要的，这是我们努力打磨的方向。

有关系。我刚才说我们在做预判的时候，一个好的内容，应该需要跟用户搭建关系，因为绝大部分的内容付费都是预付费，用户要提前信任才能消费。这一年我不仅要付给你钱，还要付出一年的时间，这其实是比较大的决定，尤其是时间的成本。这一部分在我看来是产品包装层面，或者是在最初论证的时候要想清楚的，这最后决定了我们的运营。

令　嘉：谢谢张薇老师，下面问一下中国社会科学院社会学研究所的田丰老师，您是搞社会学研究的，比如像知识付费、知识服务这个事情，它的本质在您看来是什么？在对整个社会的影响是什么？这是一个比较偏学术的讨论。

田　丰：因为从人类历史来看，知识免费是一个巨大的进步，因为以前知识都是掌握在少数人手里。现在知识付费也成了一个热的话题，从社会学的角度来讲，我们在几十年前就已经预测，在工业化社会会出现一个知识社会，所谓的知识社会就是人们会按照你所拥有的知识程度划分等级，包括社会权力的分配、财富的分配，我们上学的时候都学到这个,十几年一直没有实现,到了今天有实现的可能,很激动。

但是还是有一些问题。知识付费为什么会火起来?其实刚才各位也讲了,我们现在处于知识爆炸的时代,所有人都会接触无数的知识,比如你在百度、谷歌搜索任何一个词条,可能得到上百万、上千万条的词条。但是我们发现知识付费有一个非常大的特点,它具有筛选机制——把客户最需要的、最有效的内容筛选出来卖给你,这个筛选机制对每个人来讲是降低了时间成本,降低了筛选成本。比如我本来要买10本书才可以得到我要的知识,现在我只要听10本书,这个成本就会降低很多,这就是现在知识付费非常火的重要的原因,它的本质理念是一个筛选和分享的机制,它的发展顺应了一个时代的潮流。

另外,我们现在是一个教育普及的时代,每一个人都知道教育会改变我们的命运,虽然很多学者说教育对改变命运的作用越来越小,但是你会发现没有教育真的改不了,最起码这是前提条件,每个人都有受教育的需求。现在社会有一种焦虑的氛围,每个人都很焦虑,家长害怕孩子输在起跑线上,进入职场的害怕自己的知识老化。你会发现焦虑心态的背后很简单,怎么改善自己的焦虑心态呢,那学点新知识吧,这些知识可能将来会有用。某种意义上这其实是在安慰自己,学了这个知识不一定有用,大家知道你听这几堂课不一定能解决什么问题。我们现在碎片化的时间真的是太多了,现在人们想去做任何事情,有很多碎片化的时间可以利用。

知识付费有深刻的社会影响,我做一个简单的推测。

第一个影响,是国外和国内讨论很多的问题——"付费墙"。是不是知识付费了之后，很多人获取不了最好的知识了？将来会不会演化成这种趋势值得探讨。如果真的付不起某个课程的人就得不到这些知识，那对整个社会经济是一个损害。

第二个影响，知识付费的过程并不是系统学习一门课或者学习一门科学，而是商品化的、浅层化的，商品化、浅层化的背后可能存在危害。知识付费的内容是产品的提供商筛选，不是读者本身认为最经典、最正确、最好的选择，而且这个知识变化非常快，可能主打一个产品的时候，新的知识已经出来了。

第三个影响，未来好的知识会越来越稀缺，这就回到学术出版的主题了，我们会发现真正的知识是在学术里面生产出来的，而不是在市场领域。回过头来看，知识付费其实是对学术生产者、供应商的付费，只要生产出来好的知识，它将来的生命力会更加地绵长。

令　嘉：田丰老师讲得非常好，现在有一个大家最担心的问题，就是知识服务的产品周期快，生产者的浮躁会不会把知识服务这个事毁掉？所以像得到出了一个品控手册，其实也是要给整个行业一个样板，我们是怎么打磨产品的。田丰老师刚才有一个很好的提示，知识服务毕竟是用一种轻的方式提供内容，但是不一定是碎片化的或者轻的内容，它有可能是重的内容，比如像刚才提到施展的《中国史纲》，我们都在听，这本书这么厚，广西师大出版社出版，听了以后又买书，这种产品你说他不是学术产品吗？他说得也非常好，通俗易懂，他可能不是给学术研究的那些人看的，我们很多人还是可以去学习的。其实我就想，谢寿光社长多年来一直强调，用认真地做学术出版的精神来做我们的知识服务的产品，可能我们这个风口期会更加长，知识服务这种形态真的就被我们出版业带来一个增量市场，因为它确实是把我们从单纯的书引向了教育培训的一个比较中心的地带。以前我们做教科书也好、教材也好，社科文献出版社没有，但是很多出版社靠这块生存。但是我们是在人家教育市场周边打转，我们从来没有进入核心市场。但是有了知识付费这种轻的产品，我们真的可以进入教育培训业。我觉得这块市场我们还可以关注它，但是我们一定要用学术出版的态度打磨知识产品，这需要我们在座的一起共勉，是学者给我们的警示。

董风云：我说一下我的感受。甲骨文和罗辑思维的合作时间不短了，从 2014 年年底就开始讨论这件事情。但是一开始是纸书，我们一共合作了 13 本纸书。他们卖得非常好，有的书比我们自己卖得强多了，有的差不多。我们出版业认为卖纸书，我们最倚仗的形式在最时髦的平台上也有瓶颈，你会发现库存的消化问题一直都有，哪怕像罗辑思维这么强大的力量也会有问题。我觉得它作为最敏锐、最前沿的平台，它能够最快地感觉到这个压力。我们出版社库存很多，每年减库存是最大的话题。但是后来它找到了得到的路径，在 2016 年的时候它转型非常快，就是找到了，就是听书或者课程。这个打通之后，罗辑思维的警报马上解除了，一下子变成一个生机勃勃的快速膨胀的企业，我说这个膨胀不是贬义词，而是一个褒义词。

从它的企业背后我们还可以感觉到很明显的一点，我们作为第一线内容的生产者，我们能够做到一些以前没有想过的东西，比如课程培训，将来可能做成线上大学，或者线上研究生院，这是完全有可能的。我们以前有一些障碍，距离的障碍、时间的障碍，这些障碍是存在的。如果我们生产的最专业的产品,像甲骨文这样的适于阅读都能很轻松地到达我们的读者和听众,这完全在于它这样的平台和我们这样的传统的出版机构怎么看待这些问题和怎么来协作。

令 嘉: 这个话题非常大,张薇老师说的一点非常重要,她提到预付款。社科文献出版社搞学术最敏锐了,学术期刊不就都是先收钱的吗,这是最好的模式。卖书的模式和这个模式比起来差得太远了,知识服务反而可以。百道网确实也在做知识服务,我们就是把得到的方式用在出版业里面。我们4、5月去见罗老师的时候就表达了这种坦诚的心,我们确实是学了他,把这种方式用到出版业的培训里面,而且很荣幸产品做得很不错。今天这个对话非常好,但是时间确实是不够。再次感谢在座的几位老师,也非常感谢我们社科文献出版社出版社利用这个年会的机会,让我们一起来讨论学术出版与知识服务,再次感谢大家。

中国学术出版十年（2011~2020）

2019

新时代的学术出版：学术诚信与出版者的责任

谢 宇[*]

学术出版的内涵与规范

我今天是作为作者来讲"学术",因为学术出版主要是作为出版的学术问题。最近社科文献出版社出版了我的一本书,关于美国科学衰退的问题。

为什么要出版?当然,个人学者特别是年轻人是有目的的,出版对个人来讲是有功利的作用。我们都知道正所谓"不发表就淘汰",不出版就没出路,所以出版是学者基本生存的途径,我们要现实。但这只是外部的需要,并

---

[*] 谢宇,社会学家,美国国家科学院院士。

不是我们内在的需要。对学者来说内在的价值是永恒的,普林斯顿以前有个伟大的科学家爱因斯坦,他曾经被邀请做以色列的总统,他拒绝了,他说:"政治是暂时的,而方程式是永恒的。"

从西方文化角度来讲,从柏拉图思想到马克思主义都强调知识的永久性和普遍性,这是有价值的学术贡献,从内在价值角度来讲是 Universd truth(真理性)的,是推翻不了的,是非常慎重的,它内在的价值不是我们今天有的,也不是中国独有的,而应该是对很多人,特别是对下一代有帮助的,这就是知识,这就是学术贡献。所以,学术出版有别于一般出版。很多出版的书籍是有价值的,但它们并不是学术书,学术出版有其特定的属性,最重要的莫过于学术出版贡献新的知识。

一 学术出版

学术发表贡献的是新的知识是以前没有被提出过的,一定要新,是人家没有的。知识的海洋是很大的,每个学者能做的贡献很少。一旦新的知识形成、被接受,变成海洋或书库的一部分,那就是贡献,而且这个贡献是新的。其它种类的出版可能有市场价值、政治价值、文化价值,有很多其他的价值,但没有创新就没有学术价值,这种出版和我们的学术出版要求是不一样的。

在我看来,中国的大多数社会科学家所写的书,比如介绍理论和方法的,都不是学术的书,而是工具性或介绍性的书,或许对读者大众是有益的,但不是学术书。非学术的书你可以抄,方法、理论都可以抄,这不存在诚信问题,因为它的作用与学术书不同。所以，要分清什么是你的，什么是别人的，把这个路径讲清楚以后，才能判断什么是抄袭什么不是抄袭。假如这是学术书，你的观点别人不能抄。假如这是教科书、介绍性的书，你可以抄，本来就应该抄。介绍牛顿定律的书没有一个不抄的，但还是有人写，因为它重要。

二　学术书籍产出周期

学术书不是花费几个晚上、几天、几个周末就能完成的事情，因为它需要大量的投资。我写过大概三本学术书，花的时间很长。研究一般要花2~4年，初稿撰写1~2年，特别是英语不是我的母语，写作是需要花很多时间的。审阅及修改要1~2年，审稿有很严谨的过程，要回答很多问题。文字编辑与出版物发表要1~2年。整个周期加一下就是5~10年出版一本学术书。一个人一辈子出版的学术书不可能有几十本。真正的学术书一个人一生也就只能写上3~5本，最多10本，因为10本就要50年，我准备工作50~60年，即使这样，我能写的书的数量还是有限的。

三　困难与挑战

都说做学术书是很困难的，因为周期长、回报不确定，所以，对于出版商、对个人都是挑战。谢寿光社长和出版社做了比较好的取舍，有的时候即使图书不赚钱也还是要出。美国有一些著名的学术出版社像普林斯顿出版社是要贴钱的，谁来贴，市场经济里有很多渠道，不一定要作者贴，还有其他渠道贴。

学术出版界的竞争非常激烈，因为我们想要新的知识、新的创见。在市场里，真正好的、新的发现，有生命力的书毕竟是少数，这也是我讲到，为什么会有学术腐败的问题，因为大环境下学者有出书压力，在很难竞争的情况下，就有其他的想法。学者的竞争压力非常大，要"多发表，高产出"，而且是按照量，不是按照价值来衡量，这就存在着问题。

另一个挑战是网络的出版和杂志的出版比书籍更快。现在自然科学不讲纸质出版，而是网络出版，所以杂志和纸质出版物也受到技术的挑战，受到网络出版物的挑战。

四　学术研究人员

学术成果是人出的，我们研究社会科学就是社会科学家，我们研究得到一个重要的结论——学术研究者也都是普通人，他有和其他人相似的属性，比如他需要吃需要穿，也需要极大化地把自己的将来做得更好，得到更多认可等。所以，每个研究者本身是有利益取向的。他们所处的环境也使得他们的视野有局限性，所以，学术腐败是各方面的因素造成的。不要认为学术研究者一定具有崇高的理念、奉献的精神，他们也受利益驱使。从牛顿开始很多大科学家都有学术上的争论，这个学术成果是我的，不是你的，这是从科学产生的第一天起就有的对知识产权的争论，这不是新的议题，不是只存在于中国，而是存在于科学研究这个领域。科学家们有自己的欲望，会被自己的需求所驱使。

五　中国的社会科学

中国的社会科学非常重要，我们应该鼓励中国的社会科学家不仅仅对社会科学本身做贡献，更要对中国社会科学研究领域做贡献。过去四个月我在北京大学做工作，希望中国人研究中国能够登上世界舞台，中国的事情，我们的资料最多，为什么研究中国我们都不能够有自主权，不能够有多的发言权。这是一个巨大的市场，我们现在还没有真正走进这个市场。我认为，很多国外的学者研究中国是有偏见的，当然，中国人研究国外有时候也是片面的，不够客观、全面的，有时候太重视高层的研究、数字的研究，而对根底、环境、文化研究不够，同样，西方很多学者对中国的研究也不够。

当代中国大规模、快速的社会变迁值得研究，中国社会变迁速度非常快，从家庭、社会、人文、教育、城市化到艺术、技术，方方面面都在改变，可以研究的课题非常非常多。而研究中国发生的事情，不仅仅需要了解当今中国的政治、经济、社会、文化等，还要在方法上和理论上超越西方已有的规范，因为西方已有的规范是在西方社会里发展起来的，有的对中国不适用或者需要改变。我们要了解中国，就要结合中国实际的场景、环境等等才能更好、更系统地研究中国。我们不要表面地研究中国，而是要实实在在地在学术上有新的发现，对中国研究做出真正的贡献，这些贡献是有价值的，是可以传给下一代和他们的下一代的。中国社会科学家不仅有义务贡献一般性知识，更应该为理解中国做出学术贡献。

谢寿光*

学术伦理与学术出版者的责任

2018年，举国上下都在隆重地纪念改革开放40周年。以改革开放40年作为一个契机，中国的学术出版界出版了非常令人称道的成果。但除了改革开放能成为2018年学术成果的关键词之外，还有"学术伦理""学术诚信"，甚至是负面的"学术造假""撤稿"，也是我们学术出版界的大事，也应该成为年度的热词。

---

* 谢寿光，中国出版协会副理事长，中国社会学会秘书长，时任社会科学文献出版社社长。

无论是自然科学界的贺建奎、韩春雨，还是社会科学界南京大学的梁莹，成为学术负面的人物，事情并不是在2018年发生的，这些中国学术大发展、大繁荣潮流下出现的沉渣在2018年重新被翻转出来，这是官方和民众对推行学术伦理、恪守学术诚信、营造良好的知识创新环境高度重视的标志，我是这么看待这些事情的。2018年5月，中共中央办公厅和国务院办公厅印发了《关于进一步加强科研诚信建设的若干意见》，所以，我们未来是可以期待的。

今天的主题是学术诚信，我为什么用"学术伦理"呢？因为在学术界，学术诚信和学术伦理是在同一个意义上被使用的概念，实际上我们要认真地去思考，学术诚信上位概念应该是学术伦理，学术界这些年有"学术道德"这个词出现，但学术伦理是一套规范体系。所谓"学术伦理"，我认为，是指由各专业研究者组成的学术共同体在学术研究和成果交流传播及评价过程中认同并自觉遵守的规范、准则，它是用于调整研究者与研究对象以及研究者之间的关系的一种准则和指南。如果我们再进一步细分的话，学术伦理，包括研究伦理和编辑出版传播伦理两大方向，我简称为学术出版伦理。

在学术伦理问题上，学术出版人是不可缺失的，在中国的学术出版界或中国出版业，从来都是文责自负，没有哪一家学术出版机构主动提出来我为这些学术造假、学术不端，为大量的学术资源重复浪费，为各种各样不规范的现象负责。但是官方和学界没有对你提要求，不等于出版人就可以免责，可以置身度外。

记得我第一次办学术出版年会时说过，任何一个学术出版人都应该是尊重学术的，对学术怀有敬畏之心的。要尊重我们的学者，做好"最后的守门人"的角色，假如你失职，整个体系就会崩塌。

所以，撤稿是学术出版机构践行学术伦理，维护学术诚信的一种主动作为。这样的情况下，学术出版者应该怎么担责，我想有以下三点：

第一，学术出版人要有一种伦理自觉，要主动担责，积极推行学术出版的伦理规范，并且把这些规范作为整个学术出版规范的基本内容和要义。其实研究制定学术出版伦理规范具有极其重要的意义，它有利于提高学术成果水平。抵制学术腐败现象，可以促进我国学术出版形成良好的学术风气，提升我国学术著作出版在国际的地位。

第二，要把学术编辑融入学术共同体之中。真正好的学术出版社、好的学术出版人应该有"自由旋转门"机制，"编而优则研，研而优则编"。一个优秀的编辑一定是知识的生产者、学术的创新者，能够做课题、做研究，而且希望真正让中国的学术繁荣的。国际学术期刊的编辑都是大学的学者，可以负责期刊审稿。但在中国，这个"门"是不通的。为什么今天中国的学术出版在国际上有这样那样的差距，这和我们的学术编辑没有得到应有的尊重和重视有很大的关系。无论在国家整个战略层面，在发展繁荣有中国特色的哲学社会科学的过程中，只要有出版者真正参与进去，就可以发挥其他机构发挥不了的、无可替代的作用。所以，我们要有这样的专业精神，采取专业审稿、匿名评审、撤稿、公开召回这样的方式，真正担当起学术伦理、学术诚信"最后的守门人"的角色。

第三，要把学术出版伦理作为评价出版者企业社会责任的指标，作为学术出版企业社会责任的主要内容。我们是行业里第一家发布出版企业社会责任报告的单体出版社，作为学术出版机构，我们明年的企业社会责任报告一定会加大关于学术诚信、学术伦理践行的公开报告，应该让学术出版人、学术出版机构对维护学术伦理、学术诚信方面做出公开的承诺。

最后，社会科学文献出版社作为一家中国的学术出版机构，在这里做四点郑重的承诺，也请在座各位的朋友和媒体朋友监督。

第一，主动自我施压，把学术伦理和学术诚信作为社科文献出版社人的基本规范和守则，并作为年度企业社会责任报告的基本内容。我们从2012年就开始起草《SSAP手册》，目前已经正式出版了《皮书手册：写作、编辑出版与评价指南》，现在已经第三版了。期刊手册也会作为单项手册开始试行。《SSAP手册》是社会科学文献出版社的写作出版编辑指南，力图打造成"中国的芝加哥手册"。我们意识到，手册里的学术伦理一大版块的内容不可或缺，我们采样大量的学术伦理手册以后，认为应该把它编成规范化的条款。

第二，加快学术出版伦理规范，把它作为基本内容纳入我们即将正式推出的《SSAP手册》，这个手册出版以后，要和各高校、各研究机构合作，全方位开展培训。

第三，严格执行"三审三校"编辑流程的基础上，全面推行专业编辑、编审分开、预处理等编辑制度。过去的编辑之所以被矮化是因为不分专业。在严格执行专业编辑制度上，社科文献出版社做了十年左右的探索。要让大家严格执行专业分工并不容易，但学术出版本身就是一种专业性的行为，所以我们在编辑体系里分为组稿编辑、文稿编辑、技术编辑和营销编辑四大类型。还有个制度叫预处理或预审。比如，所有皮书稿子进到出版社以后，先不进入编辑部，皮书研究院来对整个皮书做学术检测。我们对皮书、集刊和原创专业图书实施严格的查重和退稿制度。

第四,我们要善待社科文献出版社的每一位作者、每一位合作方、每一位读者和用户,我们在完善和国外合作方定期发布版税结算报告制度的基础上,向所有社科文献出版社作者进行年度报告制度。我们从前年开始定期向国外所有的合作方要报告,但这件事情不能只对外,对内也应该有这样的担当和作为。只有学术出版机构能够为自己的行为做公开的承诺,我们才能把中国的学术诚信体系真正建立起来。

我们希望更多的学术出版机构共同努力,形成一种学术伦理,特别是学术出版伦理的自觉,推动中国学术的繁荣和发展。尽管我们今天遇到很多困难,但是前景绝对是美好的,也希望通过作者、读者、编辑的共同努力,学术出版年会能坚持办下去。

丁海珈[*]

作为出版商如何推广学术诚信

Taylor&Francis 出版集团是全球最大的人文与社会科学出版商，出版 2670 余种期刊（包括开放获取期刊的数量），当前图书在销品种 11 万种，出版物中人文社科占 52%，其编辑出版中心分布在全球多地区。出版社学术诚信问题的重视在学术期刊领域有着特别显著的体现，因为这个话题涉及期刊作者、期刊主编编委会成员期刊编辑和同

---

[*] 丁海珈，德古意特出版公司亚太出版合作伙伴关系总监，中国区编辑总监，时任泰勒弗朗西斯集团中国期刊出版人。

行评审人群体必须遵守的伦理原则，期刊的完整性和声誉的保证，对被指控违反道德原则人的调查，学术记录的更正，对违法者的谴责和制裁，对已发表研究的出处以及独创性和合法性的信任等。

一 何为学术诚信？

今年 4 月举办的一次学术诚信国际会议上，与会者就提出了许多不同的观点，他们对学术诚信有不同的看法。比如在大学和研究机构层面，他们对学术诚信的理解以及违反学术诚信案例的处理有所不同；政府和基金有相应规定，但到了机构和高校层面还会有不同的认识和反应，对违反诚信行为的处理方式和反应也会有不同。我们认为，学术诚信涉及的不是一个现象，而是整个研究的流程，从选择科研的题目和领域到进行科学研究、数据分析，到最终研究成果经过同行评审完成出版，涉及的是整个学术生态的体系和流程当中的方方面面，与诚实、公开、伦理行为等有关的都属于科研诚信定义的范围。

二 作为国际性学术出版商，我们践行科研诚信方面的工作主要体现在三个方面

1. 集中体现在同行评审政策制定、提供支持同行评审的系统和整个出版流程工作中。我们有全球专业团队，提供多方位的流程支持和事件处理咨询。

2. 作为出版商，我很赞赏谢寿光社长刚才提到的社会责任，比如我们有提供培训的义务。能够为作者、年轻的研究人员、同行评

审人乃至政策制定者、基金提供方提供培训是非常有意义的，这也是我们的责任。

3. 我们有告知义务，比如我们为作者、为编辑或主编提供服务的网站上都有科研诚信指导的服务和内容。

三 科研诚信事件在作者伦理行为方面的表现较为显性

科研诚信方面出现的涉及作者伦理行为的，从先后顺序和重要程度来看有以下几点。

1. 署名权比较容易发生这种问题。

2. 要避免剽窃，无论是剽窃别人还是自我剽窃。

3. 引用数据和来源于第三方的数据、图片的版权是否清晰，是否获得。

4. 利益冲突的自我声明，这一点在医学研究、生命科学研究和其他的理科、工科领域是非常重要的。比如肿瘤药物研究，你的资助来自某个制药公司，比如你的烟草研究来自烟草公司资助，作为学者首先要有自我声明在里面，阐明涉及利益冲突的相关信息。

5. 遵守学科规范和实验室操作的规范，比如做动物学研究、人体实验、病理学研究、医学药物发现实验，国际上有一系列的规范，包括事先注册的、提交实验描述报告，哪些步骤涉及安全问题和危险告知问题，建议要遵守国际上的规则。

6. 对于作者来说，一稿多投也是绝对不能被允许的；一篇文章两种语言也是一稿多投，比如英文投一份，翻译成西班牙语、葡萄牙语再投出去。

四 目前国际学术期刊面临的学术诚信方面的挑战和机遇

关于挑战,第一是前面几位学者和专家都谈到的数量性。越来越多违反学术伦理道德的情况发生了。但实际上不仅仅中国独有此类现象。我认为是因为中国的基数比较大——比如我国论文产出全世界第二,绝对数量每年还在持续增长——这么大的基数当然体现得比较明显,但实际上它在全世界范围内是普遍存在的现象。最近几年学术不规范是呈上升的趋势,我们认为主要是两点原因,之前学者们已经说到一个原因是评价体系造成的,要快速发表来评价你各方面的表现。另一个原因是前面黄平所长提到信息时代。所有的信息都在线,学术不诚信行为很快被发现并放大;学术成果发表在网上,很可能第二天就被举报。比如一个学者在澳洲实验室做完研究回国并发表文章,第二天澳洲实验室负责人就给主编打电话,说这个作者署名不清楚。这说明在互联网时代违反职业道德的事情很容易被揭发出来,影响也会被无限放大。另外,即使被发现伦理道德有问题导致作者要撤稿,也完全不是无痕撤稿,任何撤稿都要有声明。稿子毫无发觉地被撤下来,这在国际出版规则上是不建议的,撤稿都要有声明。

第二是伦理问题的复杂性。伦理道德不仅仅是剽窃,还可能是若干因素混杂在一起,非常难处理。现在有很多国际合作和国际间合作项目,这些问题产生伦理问题之后,处理起来就比较麻烦。

第三是掠夺性期刊大量增加。开放获取运动开始之后,作者可以通过支付发表费用而将成果免费呈现给所有读者。我们的自然基金委、科技部在内的科研管理和基金机构也在考虑如何应对这个趋势。在欧洲大概有13家比较著名的基金已经签署了Plan S计划，其科研成果、资助项目必须要以开放获取方式发表在开放获取刊物上。但我们知道，随着开放获取运动的兴盛，很多大牌期刊，比如Nature和Science就从订阅刊转变成同时也接受开放获取文章的混合刊。目前全世界75%的期刊是混合刊。然而参加Plan S的13家基金会明确指出，其资助成果只能发表在完全开放获取期刊上，并把混合刊排除在外。这样的背景下，出现了大量商业性的、运作不符合出版伦理道德的期刊，即掠夺性期刊。目前全世界约有8000种掠夺性期刊，这些期刊是非常不规范的，体现在比如没有同行评审，或者刊名索性就是仿造国际大刊，实则公司是虚设的、给钱就能发表。但因为有商业利益在其背后推动，所以很难杜绝。

一个问题总有两个方面，伦理问题的凸显也给出版者联合行动，科研利益共同体的措施以及科研本身的发展提供了机遇。出版商之间比如"THINK CHECK SUBMIT"，这是国际出版商联合在一起建设的平台。我们把出版物放在上面进行共享，当学者挑选期刊时可以上这个网站看他选中的期刊是不是合格的期刊。在科研利益共同体方面我国也在行动。比如中国社会科学院承担哲学社会科学领域工作的统筹协调和宏观指导的任务，我们科协就中国集体撤稿问题也发布了"五个不允许"等。我们国家在这方面也做了很多很好的有成效的努力。关于开放科研（Open Science）、越来越重要，它涉及科学试验的可重复性、科学研究的共享、培训的责任、公众对于科研诚信越来越多的怀疑以及我们如何能在科研共同体内建立起公众的信任和转变他们的看法。关于开放科研，在人文社会科学领域还不显著，但在医学、理工科已经讨论得很多了。这和开放获取是相关联的。开放获取只是开放科研当中最后、基金流向出版之后的那个环节，但开放科研是自己的流程（WorkFlow），从数据的开放、研究的共享，到最终研究成果向社会的开放，促进科学研究对科学和社会发展的贡献，也促进科学家和研究人员解决真正全世界的问题（Real World Problem），这是我们看到的机遇和希望。

五 作为国际性的学术出版社，面对科研诚信问题时我们做了哪些事情

首先跟大家介绍国际上的出版伦理委员会（Committee on Publication Ethics，COPE），它对出版商是约束，对作者、主编、编委会成员、刊物编辑部等不同受众有整套指南和流程。这是个国际组织，也很关注中国，和我们科协的互动活动也很多。其在中国开展一些培训，有中文的解释，大家可以通过其获得更多的支持。COPE最早来源于医学编辑出版群体的自发，因为学术伦理道德问题在医学界出现早、很突出，COPE目前已经有超过1万名会员，包括大的出版商和一些相关组织机构。其特点是有指南、有工作流程，告诉你如何一步步解决所面临的问题，对解决问题很有帮助。

我们在面对科研诚信问题时集体遇到的问题体现在两个领域：一是在伪造同行评审和学术造假等伦理道德问题方面；二是在作者署名方面。什么叫伪造同行评审？比如作者推荐同行评审的时候写

了某教授,但给的邮箱是自己伪造的,当公众接受某教授为评审人的时候,实际上他是自己给自己的文章写评审意见。国内的大规模撤稿事件有一大部分是这样造假的。还有国内代写。有超过几十万家帮助学者写论文和整个出版过程的公司,庞大的"论文工厂"在伪造同行评审上也做了很多不光彩的事情。也许目前在图书出版上可能体现得没有这么明显,但在期刊出版领域一直是存在的问题。

有关作者署名方面,出版社提供了一些规则参照,比如美国编辑协会和美国社会学联合会有对署名原则的介绍。在英国,有行业联合会会推出署名权的定义;更多人倾向于参考出版者、出版社、期刊对署名的要求,并按照其执行。我们T&F集团对署名的要求是,凡是参与了相关工作的人都要署名,有些非常规性的,比如同意你做这个研究和写这篇文章的人、对这个文章审核的人等,也都要考虑署名问题。在署名冲突处理方面,我们会推荐大家参照COPE原则来处理。我们认为在处理作者署名问题上出版方不应该牵涉太多,作者署名的争议应该由学术团体决定,就是由作者和作者机构给出他们最终的结论,一旦有冲突或争议,应该由作者和相关机构来决定最终署名是谁。

六 如何处理行为不端指控问题?

1. 西方比较注重隐私,一旦有学术伦理道德的指控案例出现,我们的处理方式应该是保密的,处理这个问题,电话或邮件应该打上"保密"的标签,尽可能保护当事人;在调查完毕之前不要理直气壮地认为被指控就一定有问题,私密性一定要保证。

2.我们针对作者或学者解释问题,为案例双方提供我们的帮助和支持。顺便说一句,COPE不仅为机构以及出版者提供指南,个人和他们取得联系并获取支持也是很重要的。他们提供多种语言版本的处理流程,中文版的信息非常全面。

3.信息化。目前国际性出版商都推荐使用流行的几大在线投稿和同行评审系统平台。如果能够严格使用这个平台,作者、审稿人、编辑记录、流程和时间点就都可以在里面被查证。

4.申请专业帮助。我们会提请编委会和专业人员注意并申请他们的帮助。有些问题在他们的专业领域中是有特殊解决方案的。比如就统计问题的查证等等。

中国学术出版十年（2011~2020）

2020
———

数字场景下的学术出版与营销

中国学术出版十年（2011~2020）

邬书林*

学术出版要跟上信息技术进步的步伐

尊敬的各位来宾，各位专家学者，大家下午好！非常高兴能再次来到学术出版年会，利用这次机会我简要对社会科学文献出版社十年来对学术出版年会所做的工作进行评价，对学术出版的定位和认识谈点认识，最后谈两个案例，看看国际和国内学术出版界在这方面有什么进展。

首先我要代表中国版协对社会科学文献

---

* 邬书林，中国出版协会理事长，时任中国出版协会常务副理事长。此文根据录音整理。

出版社，对谢寿光社长的团队表示由衷敬意。十年来，他们坚持不懈推动我们学术出版的发展，从不间断，锲而不舍，值得敬佩。十年间，他们选择学术出版这个重点作为出版社的立社之本，一以贯之地坚持，值得称道。在过去的二十年中，中国出版的数量在急剧增长，我们从20世纪末的12万种左右迅速发展到2010年的20多万种，2015年到了50万种。所以他们选择2010~2012年把提高学术质量作为学术出版年会的议题，我认为有见地、有远见，也切中了中国出版业的要害。世界出版分为三大块：大众出版、教育出版、学术出版，在世界上的出版强国当中，这三块大体是三分制，我们国家的高水平学术出版和世界相比就差在这块，以至于我们自然科学最新学术成果，我可以不客气地讲，99%在国外发表，不在国内发表，主要原因是我们的学术出版没有做上去。面对中华民族伟大复兴的这个历史任务，怎么把学术出版做上去，在国际上赢得学术话语至关重要，正好在这个时候社会科学文献出版社举起这个旗帜，我认为是值得敬佩的。

在这个过程当中，他们不仅开年会，社科文献出版社的社领导承担了中宣部、社科院各方面的课题，想尽办法从学理上、学术研究上以及国家智库角度推动学术出版，十年来应当成绩斐然，谢寿光收获满满，值得祝贺。

第二，对学术出版的地位和作用简要谈一点看法。

学术出版是一个国家出版水平高低的标志，也是国家学术水平高低的标志，如果国家学术出版水平长期上不去就会妨碍这个国家整个学术研究的前行。不管是新中国成立前还是新中国成立以后的70年，我们这方面的教训太深刻了。前几年，我们见到一个资料，若干中国人本来可以在事业上能获得菲尔兹奖、诺贝尔奖等大奖，正因为我们学术出版水平不高，未能鉴别许多天才的伟大著作。因为学术出版最终的定义是为重要的思想创新、科学发现、技术进展，重要管理经验和伟大作品注册登记，看谁率先把这个思想研究出来，标志是谁在公开出版文章上发表。由于我们这方面至今没有建立起好的学术评价体系，吃亏吃多了。中国GDP即将达到100万亿，其中有2.3%左右是用于科研、创新投入的，产生大量科研成果。这时候中国不把它变成学术出版资源，那是可惜的。去年我做了一个统计，过去20年，我们在自然科学领域200项重要的科学技术成就无一例外全在国外发表，不在国内发表。去年年底中国人在化学领域的论文量首次超过美国，我们的最高水平化学论文总量超过了美国，化学论文的总体水平数量超过了美国，但是这方面的学术出版水平离世界水平差得很远，长期下去，中国的科研成果全部拿到国外发表，中国学术出版人拼论文的现象长期持续下去，将是我们的失职。所以，我们整个出版界要警醒，从国家战略角度来思考，看到自己的担当。这方面的任务，我认为特别重要。

学术出版承担着几个功能：

第一，要把古今中外的思想文化、科学技术成果用新的学术语言表达出来，使读者、研究者能用较少的时间迅速地掌握。

第二，一个国家学术出版要常做常新，与时俱进最重要的方面。这方面我们中国人做得不错，但比起国外现有的进展，我认为又有比较大的差距。

第三，学术出版最重要的是反映当今的创新成果，推动当今国家和世界的人类进步。我在以下几个方面做出学术归纳。

要把一个国家乃至全世界的思想创新、科学发现、技术进展、经验总结和伟大作品的新的创新成果作为学术出版做好，这五块是世界上各个国家出版的必争之地。刚才谢寿光社长讲了，在中华民族伟大复兴过程当中，新时代中国特色社会主义，怎么用学术语言表达清楚，表达的足够有说服力使中国人民信服，使这个民族团结起来，并能使世界上接受，这方面的任务，太繁重了。这么多科研成果怎么变成世界认同的科学技术和思想创新成果，把它用学术语言表达清楚，在学术出版领域站住脚，被认可，这个任务太艰巨了。今天没用PPT，我在《科学通报》上登的那篇文章可以查查，化学领域，中国人已经成为世界最多的成果发明者，哪怕Top1最高水平的论文也稳居世界第一了。但在中国有关出版物上发表的只占0.36%，数学领域我们占了1.9%，物理领域占了1.5%，长期这样下去哪有什么学术出版。所以，我大声疾呼把当代创新思想成果，特别是中国特色社会主义研究成果、技术进步、科学发现和中国人推进社会建设的重要经验以及我们这个时代的伟大作品，以创新的形式出版。

学术出版是进行国际交流、提高国际地位、赢得国际话语最重要的方式。一个国家的文化要被其他的国家所认同和理解，只有你是优秀的人家才会认同，你用学术语言表达清楚，能抓住人心，学理上清晰，自然就能得到人家的认同。世界各种思想相互激荡，数千年来从来没有停过，只有你的学术成果好了才有可能实现。东方人要总结经验，我们的邻居日本人在20世纪60~80年代快速发展，日本现象已经取得世界震撼，和当下中国差不多。漫画上去了，周刊上去了，学术出版仍然交给外国做，没有自己的东西。我想中国在新的起点上，应当总结日本人的教训。

要用好信息技术，推动学术出版跟上时代步伐。我很高兴地注意到，这次订货会期间至少有9个论坛都在探讨信息技术进步对出版的影响，有3个论坛，包括我们在内，围绕着学术出版如何跟上人工智能、大数据、区块链等一系列信息技术的进步有所发展。我大声疾呼的是，千万不要把它作为未来。人工智能、大数据、区块链应用到出版不是未来，是当下，我们的世界同行已经实实在在地把人工智能、大数据、区块链技术用于推动学术出版。

1. 提高传播速度

两个月前《化学文摘》负责人来访，会谈中问了我一个问题，美国《化学文摘》将把国际总部从美国费城移到了德国的法兰克福，这是什么原因。我自以为做了四五十年出版工作还可以说出，一口气说了5个原因，他都摇头，最后他说了两个字："时差"。在坐的想得通吗？因为时差，要把国际学术出版中心从美国移到德国，现在世界上的学术研究规模越来越大，投入也越来越大，谁先发布这样的成果，引导学术界出版界争分夺秒地用最新技术去省钱、省时间推出创新的时刻到了。中国和美国的时差9个小时，和欧洲6个小时，如果放在德国和亚洲的时差缩短到有6小时，和美国也是6小时，可以很方便地每天节省6小时。比如世界上有8个重要的研究机构在打印肝脏，2010年我在麻省理工学院看到的活体是1.5厘米活体，现在已经到了2.5厘米，到了3.5厘米就几乎和成人的肝一样大小。他说这样的投入，世界上每小时是数千万美金的投入，如果哪个实验室突破了，在全世界节省这个钱，那要省多少钱。类似这样的研究，全世界各个领域都有数百亿的投入，这时候把学术出版做好了，把有关属性数据信息做好了，帮科研人员节省时间，这样的成本至关重要。

2. 运用新技术

刚才谢寿光社长讲了斯普林格的例子，去年北京图书博览会，我和斯普林格的老总一起参加发布会，我又做了一次外行。我问他："你们把中国学者这本学术著作出版了，印数多少啊？"他很礼貌，不理我，笑笑，我问他究竟印多少？他说："我们学术出版已经没有印数了，有多少学者要用就在网上下载或者POD打印一本。自动由区块链技术就管起来了。学术出版卖的是内容，是重要的知识和信息，至于用什么载体已经不关键了。比如现在世界上6800种最核心的期刊已经没有纸本了，重要的学术著作全是数字文本，需要纸本大概3~5美金POD会随时印给你，而这本书当下价格160美金。高定价的学术著作你只要买电子版就可以附送有关的印刷文本，所以，重要的是用好新技术来很好地发行图书。

3. 提升图书质量

编辑的工作现在不是一般意义上的改错。2008年开始，世界前四大主要出版公司已经要求编辑早早地介入学术研究过程，对每一本书和每一篇论文的创新点做标引、做溯源。好的学术出版公司已经有庞大的数据库去支撑相关的技术服务，比如在锂电池的研制过程中，有多少科学家做过多少攻坚，人工智能可以帮你一网打尽收集些信息，用大数据可以帮你分析清楚目前主要应用的领域有哪几个地方、有哪些重要趋势，用区块链帮你说清楚所有这些发明人的权利在哪儿。所以，学术出版在提升质量上应用了大数据、人工智能和区块链，不再是一般意义上的改改错了，使学术质量有了大幅度提升,要求你更自觉地把你的创新建立在人类已有的创新基础之上介绍你的创新成果,这方面的知识进展每天都在进步。

4. 防止学术不端,做好学术伦理

有了大数据的分析和区块链,将知识来源标引清楚;标引不清楚的、没有依据的一般进入不了学术出版领域,谁偷谁的,谁抄谁的,有了区块链技术一览无余。

5. 降低成本

20世纪90年代,学术期刊论文单篇价格14美金,现在将到14美分,下降近100倍,整个世界学术图书著作也在明显下降,人类获取的知识比原来多多了。

6. 打击盗版

我过去讲这些例子,非常难堪的几乎都是举国外的例子,今天我可以很兴奋地举一个中国出版的例子,建议大家关注一下,最近故宫出版社出的一款产品,是两本,叫《迷宫1:如意琳琅图集》和《迷宫2:金榜题名》,这两本书用了众筹的理念,游戏的方法,原来纸本的形式,数字化平台相应地跟踪,更重要的是,故宫出版社,这次我认为探索了非常重要的出版理念,把当下的出版融合提高到非常高的水准。什么叫融合?把故宫出版和故宫本身的功能结合起来介绍故宫的知识,帮助人们更好地在故宫旅游,更好地了解故宫留存下来的中国积存下来的历史知识。比如《迷宫1:如意琳琅图集》以乾隆爷母亲80岁生日为题,介绍了故宫整个游览过程,把故宫当时宫廷规制,各种礼仪做了介绍,可以沿着它的线路一路旅游下去,了解整个故宫留存下来的重要的文物。有意思的是,这本书用众筹的方法,发行状况是什么样的呢?由于有了游戏,许多年轻孩子主动去买了，短短四个月，这本书实际销售了4800万元，利润率高达38%，还有效地打击了盗版，由于要用故宫相关支持平台才能获得故宫相关知识，只有买了正版的书，扫了那个二维码，用了区块链技术才能进入相关平台去获取知识，否则就没有。当下电商和各种各样的盗版困扰着畅销书的大问题，结果这本书出来之后发现有意思了，大量电商卖的盗版书出现退货，因为进不了App，一下子正版又稳步上升了，发到第二本《迷宫2：金榜题名》介绍清代科举制度上，那天我在现场，2小时现场销售400万元人民币，当晚700万元，现在1700万元。所以，用好新技术，不仅仅会使图书出版质量大幅提升，而且困扰我们的若干问题都会逐步得到解决。

我想我们应当满怀激情地跟上时代的步伐，要看到快速进步的信息技术正在为我们出版的繁荣发展提供强大的技术支撑，我们的外国同行已经走得很远了，我们要抓紧认识，很好地跟上这个趋势，发挥中国人民的聪明才智，争取有所超越，缩短差距。

谢寿光[*]

新时代的中国学术出版：回顾与前瞻

今天开幕报告题目叫作"新时代的中国学术出版：回顾与前瞻"。由社会科学文献出版社、中国新闻出版研究院和百道网主办的"第十届中国学术出版年会"从2011年连续举办，到2020年已经举办了十届。今天在中文搜索引擎百度中搜索"学术出版年会"这个关键词，最有影响力、相关性最强、出现频次最多、评价条数最多的应当就是我们举办的这个会议。

---

[*] 谢寿光，中国出版协会副理事长，中国社会学会秘书长，时任社会科学文献出版社社长。

最初的两年，这会叫作"中国书业论坛"，讨论的都是学术出版的议题，到2013年正式定名为"中国学术出版年会"，恰逢党的十八大召开，中国特色社会主义进入了新的时代。回望十年有助于我们中国学术出版进一步找到自身历史方位。中国学术出版在2020年进入了新的历史节点，我今天和大家沟通交流三个问题。

一 十次学术出版年会回溯

当初我们办这个年会的初心，我概括为三句话：

第一，为学术出版探求学理支撑。任何一项事业的发展，我们最终都要求它有学理支撑，这是我们最重要的初心。我在中国大百科全书出版社干了15年，接受了学术出版的专业性训练。来到社科文献出版社，2010年以前，我们基本上闷着头一心一意做自己的学术出版，取得不小的成绩。但那个时候我们就感觉到一路前行非常难，中国学术出版都没有大家比较能共同接受的基本概念的界定。

第二，为学界、行业以及业界搭建交流平台。

第三，为了繁荣和发展中国学术。

这是我们的初心，我们想不带有任何功利目的在行业里做一些业界相关的学术探讨，营造一些学术研究的氛围。

这十年，我们讨论的主题基本是根据国家和行业里的年度热点以及学术出版的基本问题来设置议题。每次年会我自己都会选择一个题目发言，其中一些观点也引发了讨论，获得了一些影响。

十年来，我们对中国学术出版的趋势分析预测，现在看来与实际情况还是比较吻合的。2012年我就判断中国学术出版将迎来新一轮繁荣期。这些年，学术出版飞速地发展，都印证了我当初的这一判断。2013年我演讲的题目是"中国学术出版：现状、问题与机遇"，指出学术出版门槛太低，学术出版人应该当好中国学术出版的守门人角色。2014年我进一步阐述了中国学术出版在国际话语体系中应当扮演的角色，并首次提出学术出版的"旋转门"机制。2015年我以"中国学术评价：学术出版机构的责任"视角，建议建立学术出版的"旋转门"评价体系。2016年我提出"拥抱中国学术出版的美好时代"。2017年我提出"大数据将重新定义学术出版"，目前数据化已经我们成为日常工作的场景。2018年我们探讨"学术出版：能力建设与未来趋势"。2019年我从学术伦理角度探讨了学术出版者的责任。展望未来，中国的学术出版会面临很多问题，但机遇更大，社会对创新知识的需求越来越迫切，专心以学术出版为业的出版机构和出版人越来越多，中国的学术出版可以说正处于前所未有的机遇与挑战期。

这十年里，我们有很多成果的溢出效应，我们提出了学术出版的16个核心概念，包括学术出版、学术图书、学术共同体、学术规范等，填补了这个领域的一些空白。我们首次提出了学术出版能力这一概念，并构建了学术资源整合能力、学术产品生产能力、学术产品营销传播能力、学术数字出版能力和学术国际出版能力五大指标体系。我们催生出若干学术论文，非常荣幸其中有两篇论文获得了第六届、第七届中华出版科研论文奖。当然，成果很多，我只是把我自己的成果列出来了。

我领导的这个团队在这十年期间完成了国家社科基金重点课题"中国学术图书质量分析与学术出版能力建设"，发布了专著《学术出版研究——中国学术图书质量与学术出版能力评价》，得到了媒体业界的热议。我们原来一直认为学术出版成果很多，但每年到底能出多少学术图书，过去没有统计。我们根据2014年的数据得出，那一年人文社科领域总共出了1.6万个品种。

二 近十年中国学术出版的三大成就

学术出版已成为专业出版的一种成熟业态，它的产品特征、运行方式、基本规范在今天的中国应该说日趋完善、定型，学术出版已经成为专业出版的基本业态或主体业态之一，它在出版业占比接近四分之一。

中国学术出版服务于新时代中国特色社会主义伟大事业的作用日益彰显。无论是在传播习近平新时代中国特色社会主义思想，贯穿落实以习近平同志为核心的党中央"五位一体"的总体布局、"四个全面"的战略布局，还是在推进"一带一路"倡议、推进新型特色中国智库建设、哲学社会科学三大体系建设等方面，以及国家创新体系建设三大攻坚战实施，纪念改革开放40周年、庆祝中华人民共和国成立70周年等党和国家重要历史节点和重大部署方面，学术出版都没有缺位，发挥了非常独特的作用。

自2011年以来中国学术出版持续保持增长，质量明显提升。尤其是2012年，新闻出版广电总局发布加强规范学术出版的通知后，社会科学文献出版社等五大单位发出倡议，五十余家单位响应，学术出版规范工作进入快车道。学术出版物的规范完备率明显提升。在2014年总共16799种学术图书中，含参考文献的图书品种占比已经接近88%，含索引的出版物品种占比仅为6.82%。2014年学术图书品种数占全部学术图书品种总量的8.27%，2015~2016年有个高速增长期，到2017年达到最高峰，人文社会科学学术出版物接近3.5万种，这是我们的预估数。到2018年以后，书号开始出现，可能有点增长放缓，但还是保持平稳增长的态势。

从2011年开始，中国的学术出版开始关注到学术规范的问题。中国学术出版的国际影响力明显提升，学术图书实物出口、版权输出数量持续增长，数据库产品海外推广日益广泛，尤其是与国际知名出版公司合作的出版数量大幅度增加，部分国内学术出版机构与国际知名学术出版公司已经开展全方位的合作，充分展示了中国本土学术出版机构的国际出版能力，我们今天已经可以在平等的地位上与这些知名学术出版机构进行交流、对话与合作。

三 新时代中国学术出版的机遇与挑战

当下中国学术出版面临国家和社会对创新支持的巨大需求与学术出版供给之间的矛盾，学术出版方存在供给不足、能力不足的问题。

以互联网、大数据、人工智能为标志的数字技术革命，正在深度改变学术生产、学术出版和学术传播的生态和场景。学术出版转型的窗口正面临着巨大的挤压。2020年10月，我在法兰克福书展上和斯普林格全球内容总裁进行过交流。当时我就问他一个问题，你们是2019年5月正式上线发布了用人工智能写作的《锂电池》这本书，并已经出版三个月左右的时间，状况如何？他告诉我，不仅仅是这本《人工智能》的电子版下载率巨高、热门，而且根据个人定制的纸质书发行了1万多册，实现了双向增长。

与新时代中国特色社会主义和数字技术革命相适应的中国学术出版体制机制有待进一步改革创新和建立完善。学术出版所需要的专业人才严重短缺，"编而优则研，研而优则编"的学术出版"旋转门"机制尚未形成。

这三个方面，既是挑战也是机遇，让我们共同继续努力，携手同行，深怀着对学术的敬畏之心，担当起传承人类文明的大任，谨以此与所有在座与会者和出版人共勉。让我们共同迎接挑战，迎接学术出版的美好时代。

邱泽奇[*]

重塑研究能力：数据、智能与学术创造

如果大家把学术出版作为一个环节和流程来理解，可以知道，学术创作、学术创造是在数字出版的上游，如果没有好的学术产品，我们的学术出版就没有好的原材料，就没有好的作品呈现给社会，呈现给读者群体。因此，好的学术研究是学术出版必要的前提条件。

因此，我今天希望和大家分享的主题是

---

[*] 邱泽奇，长江学者特聘教授、北京大学博雅特聘教授，北京大学中国社会与发展研究中心主任。

"重塑研究能力：数据、智能与学术创造"，探讨数字环境给社会科学学术研究带来的挑战和机遇。回顾一下学术出版。早年，学术出版五大要素是非常明确和清楚的：去图书馆查阅纸质著作文献、实地考察、数据（不只是数值数据，也包括其他类型的数据）分析、写作、出版。在这个流程中，作者只需有足够的创造力、有足够接触实际的能力、有归纳学术文献资料的能力，一部学术作品总会有一些创新的地方，也总有它的价值，至少在作者的学术群体之中有它的价值。不过，创造价值有非常大的局限，局限在作者能够了解的范围。举例来说，做社区研究通常是在汉语作品范围进行讨论，对其他语种文献的社区研究都不了解，尤其和我们处于相同发展阶段的地方，如拉美，更不了解。原因是懂西班牙语的人很少，拉美地区用英文写作的人也很少。简要地说，传统的学术创造是在给定语言环境下，基于当下了解的文献所做出的贡献，我称之为局部学术贡献。

在今天这个时代这种情况已经有了大的改观。文献已不再局限于卡片文献和纸档文献。过去接触不到的图书文章、报告等，现在可以在互联网上接触到。在中国，有一个"全国图书馆参考咨询联盟"，里面囊括了中国高校收藏的几乎所有图书文献；"中国知网"，收录了绝大多数中文出版的期刊和报纸文献。只要你能查得着目录，能接触到网络，就能找到你需要的文献。西方语言的文献，无论是期刊文献还是图书文献，也一样。唯一的约束，可能还是语言约束。不过，在机器翻译迈向人工智能的时代，这一障碍也有望很快被克服。

数据也不再局限于实地调查数据。即使是实地调查数据来讲，完全依靠学者自己做调研也已经不现实，原因是，除非是个案研究，否则一项研究需要利用更多人进行实地调研。现在，也的确有条件运用这样的数据。比如，世界范围内最重要的学术数据都集成在美国的ICPSR（校际政治和社会研究联盟数据档案），北京大学是中国的国家代表机构，加入了这个数据联盟。

中国还做了大量的实地调查，提供了对中国具有统计推断意义的数据，像中国人民大学的中国综合社会调查（CGSS）、西南财经大学的中国家庭金融调查（CHFS）、北京大学的中国家庭追踪调查（CFPS）、中国养老与健康追踪调查（CHARLS）、中山大学的中国劳动力调查（CLDS）等，在中国，至少能找到6~10种综合性数据来做研究。

如今仅仅靠纸和笔，已经没办法做学术研究了。像过去那样书桌上摆几本书，翻阅自己的调查笔记，参考别的数据进行写作的时代已经一去不复返了。在这个时代，电脑和网络已经成为社会科学学术写作的必备工具。

出版社和学术期刊也不是唯一的发表渠道了。如果你的写作有创意，自己有自信，即使期刊不接受，世界上还有众多的优先发表场所，比如arXiv（预印本平台）。只要你按照规范写作，可以提交，马上发表。在优先渠道的发表的作品，甚至还能帮助你在正式期刊或出版社发表。出版社和期刊的编辑很容易获得平台上你的文献数据，如被引用情况、评论状态以及受质疑的状态。不管怎样，学术研究如今面对数字技术的重大挑战，学术创新，不再是传统的局部创新，也不再局限于个人的独立创造，而是涵盖了"个人+同行网络+同行共同体"的、在整个学术界意义上的创新。如果依然只是身边的人,没有同行共同体,你的作品或许毫无价值。

作品是让作者在同行领域获得认可的依据。重复地说,学术创作不再局限于一个人、一叠稿子和一支笔;而是一个人加一个网络。一个人、一个领域加上同行作者网络。这就是数字环境下的对学术能力的新要求。不仅是传统调查数据,大数据也给了我们非常丰厚的资源。IDG(美国国际数据平台)的数据显示,到2025年,人类社会的数据总集将达到175ZB,这样的数据量必须依靠网络存储和网络计算,也是人们常说的云存储和云计算。

同样是数据,学术网络平台不仅是查询窗口,也是智能窗口,是帮助研究者进行主题、数据、价值判断的智能平台。例如,中国知网提供的资源已经丰富到你难以想象的程度,查询任何一篇文献,都会出来关联文献,甚至推荐文献,帮助学者判断相关主题的历史与现状,借此,也帮助研究者判断主题的价值和意义。再如,ICPSR(校际政治和社会研究联盟)已经集成了世界上超过750个学术机构的25万个数据集和21个专题数据集,这些数据和专题为研究者提供了一个巨人的肩膀,让学者看到自己关注的主题已经有了哪些积累。还如,Web of Science 提供了1900年以来学术领域所有重要期刊文献。我检索"技术与组织"这个小行当的文献,就大吃一惊。为此,我曾花费了一个春节假期的时间,把检索成果和数据写成了一篇文章。从文献,我们能看到整个学科的关注点,以及关注点的位移和前沿。

如此看来,学术出版、学术文献集成和学术研究之间,已经不再只是出版与阅读、搜集与阅读之间的单向关系,而是形成了新的关系，我把它称为"出版、集成与研究的互动的网络关系"。

在身边、同行社区之外，也已经出现了一些仅仅在网上的学术社区，比如 ACADEMIA，这个社区已经有将近 1 亿研究工作者加入，各个领域的都有。每个小的领域里，只要有相应的发表，它就会推送给你，告诉你文章发表在什么地方，和你研究的相关度有多少。这是智能算法对研究者的支持，已经开始非常好地服务于学术研究。很遗憾，中国知网虽然在做同样的努力，不过，在与学者的智能互动方面，与国际同行还有相当大的距离。中国如果有这个能力，且服务于社会科学的研究实践，对中文学术出版的学者而言，不仅能防止抄袭，研究能力和水平也会大幅度上升。我把这两种方式都称为"在线智能"。在线智能是重塑中国社会科学研究者能力的重要机会，包括数据、文献，还有学术创造。

数字研究环境，不仅为如今的社会科学学术研究提供了新机会，也重塑了研究环节，对进行社会科学研究提出了新的能力需求。前面我讲过传统学术出版的五大要素，如今，不仅从"五"变成了"六"，内容也有了重要变化。

第一个要素还是文献检索。不过，不再是翻卡片，而是运用智能查询。如北京大学图书馆经过 20 多年的迭代，现在推出的"未名学术搜索"是一个智能查询入口，无须区分文献的类型，也无须区分文献的语种、学科等，运用主题词、关键词，就可以查询。第二个要素是新的——集成。传统的研究，几乎没有文献集成。如今，没有文献集成就无法做研究。把查询获得的文献放在一个数据库里，随写、随用。第三个要素是分析，传统学术出版也需要分析，不过，此分析非彼分析，如今的分析除了统计还有建模，对研究者的编程能力提出了新的需求，适用性比较好的，如对 R 语言 Python 语言等编程工具和分析工具的掌握。第四个要素是新的——计算。计算，是面向大数据的研究方法和工具，编程是基本要求，还有掌握数据挖掘的各类理论与工具等，都是社会科学研究者必备的能力。是社会科学研究重要的工具之一。第五个要素是写作，不过，今天的写作大多是专业写作了，尤其是国际期刊，都有专门的工具和格式要求，常见的除了 MS Word，还有如 LaTex。最后一个要素是分享，与传统的出版有关系，不过理念变了。出版，是一个发布概念，类似于昭示——我写的，出来了。如今，这个意思还有，不过已经大大弱化了。出版已经不是目的，分享才是真正的目的，出版不是为了出版，而是为了分享才出版。

分享就需要平台。谢寿光社长走在时代前沿，至少走在中文出版时代前沿，在出版大量纸质文献的同时，还提供了数字版本和数据库，这就是分享！

归纳来说，数字环境已经成为当今社会科学研究者无法逃避的环境，它明确地要求每位研究者都具有数字能力。这个数字能力，不仅仅是敲电脑、写文字的能力，还是利用网络、大数据和既有数据的能力。每一个研究者，尤其是从纸笔时代过来的，需要重塑自己从事社会科学研究的能力，需要认认真真地对待数字环境，重新学习我们不曾拥有的知识和技能，重新学习把习得的能力综合起来的能力。我把它称为"数字能力"。

重塑能力的目的，是在数字环境中去创造。唯有如此，才能帮助我们把自己的学术研究提供给学术共同体，提供给社会，提供给这个时代，我称之为"数字创造"。

一句话，如今，无论你处于哪个年龄段，也无论你做哪一个学科的研究，尤其社科领域，如果你没有基本的数字素养，便完全有可能被学术领域淘汰出局。

中国学术出版十年（2011~2020）

胡正荣[*]

全媒体、学术出版与学科大脑

随着媒体融合趋势走向深入，对于学术出版而言，技术、内容、管理三个要素的地位愈加突显，全媒体出版体系便是建立在此三者结合的基础之上。党的十九届四中全会提出要"构建网上网下一体、内宣外宣联动的主流舆论格局，建立以内容建设为根本、先进技术为支撑、创新管理为保障的全媒体传播体系"。因此，学术出版通过自身的内容

---

[*] 胡正荣，中国社会科学院新闻与传播研究所所长，时任中国教育电视台总编辑。

资源，同时依赖技术手段，再加上管理，最终达到使学术价值释放到最大的目的。

一 学术出版的全媒体化

全媒体学术出版是大势所趋。学术媒体逐渐从原先的纸质媒介走向学术数据库，研究者也越来越依赖数据库。但是，数据库的形态就是终点了吗？我认为这远远没有终止。从媒体研究者的视角出发，我们的社会已经到了"万物皆媒"的阶段，由于5G、人工智能的到来，过去我们认为不可能成为介质的东西都有变为介质的可能。但是，介质的背后又需要一套完整的智能化体系来指挥，在不同的领域可以称为"学术大脑"或"政治大脑"，当然这个"大脑"不能取代人，其作用是辅助人脑，从而构建数据集或知识集，以达到智能化。未来，学术出版的发展路径逐渐清晰，即学术出版必然走向数字化。

具体而言，学术出版的数字化与网络化、智能化紧密相关。关于知识传播的网络化，业界已经做过很多尝试，例如中国知网的数据库网络化传播已经做得非常成功，但如何实现知识服务的智能化还在探索之中。从事社会科学的研究者，经常需要在各类平台扒数据、找数据库，需要能够提供学科数据或者"学术大脑"的学者助手，甚至通过调取上百年的数据来帮助研究者寻找论文选题，因此，真正意义上的数据服务智能化还远远没有做到。在人类社会资源进一步数字化、网络化的背景之下，需要通过机器与人之间的交互实现人类个体的智慧化。基于人脑智慧与人工智能，进行最合理、最有效的决策与行动，实现社会进步。所有连接点都贡献信息，所有连接点都分享信息，所有连接点都从万物互联中获得红利。

二 学科全媒体大脑

学术出版的数字化发展对于学科研究会产生什么意义？需要构建什么样的学术知识库或学术知识体系？对于研究者和使用者来说，最重要的是能否构建一个智慧化的大脑来为学者服务，不同学科的做法不尽相同，用互联网的行业术语来讲叫作"垂直化"或者"生产垂类产品"，比如社会学和经济学有二级学科，再往下分还有三级学科。从这个角度来说，我认为学科全媒体大脑应该至少具备以下四个要素：

第一，云端化。具体指的就是云计算、边缘计算、端计算（点到点的计算）等新技术的运用，尤其是5G技术手段问世之后，使得云边端化的使用更加常态化。首先要做的是聚合资源，包括内容资源、用户资源、服务资源等，指把所有的资源聚合到云上。海量的数据库、巨大的数据集怎么被学者有效利用？这是边缘计算、端点计算要去实现的。其次，可以考虑做大学术云，目前中国知网正在这个方向上努力，不过，中国的学术数据库在技术上还存在明显的差距。这种情况与我国学术研究的"供给侧"不足也有一定关系，学者所做的工作是否可以满足中国经济社会的发展需求，值得深思。最后，我们的社会科学研究如何建立学术共同体也是我们面临的重大问题。当社会科学的所有研究者都聚合在云上，或同一学科所有的学者和用户都聚合在云上，那么我们所讲的共商、共建、共享的云才能建立起来，进一步才能谈到云边化和云端化。

第二，垂直化。现在"大"的数据越来越多，而垂直化、细分化，可以满足用户特定需求的数据却十分缺乏。每个用户都有自身的局限性和特征性，垂直化的服务需要资源可以实现较好的配置功能。垂直化追求的是精准传播，逃离高点击量的迷惑，用最好的内容，以最恰当的方式，到达最精准的用户。通常所讲的细分化、专业化，一般指的是上游资源。上游的资源集合之后，更重要的是如何把学科资源精准聚合到用户。近几年，"圈层化"成为互联网研究者非常关注的一个概念，在社会进程当中，互联网给使用者带来去中心化的同时，也在发生"再中心化"，而"再中心化"的过程很容易被人忽略。用户圈层化的情况不仅发生在互联网的使用上，在学术研究领域也有体现。使学术资源下沉到每个圈层，为每个用户提供个性化服务，这将是学术服务机构未来的重大挑战和机遇。最终目标就是要形成高黏性的联系，通过学术出版和学术全媒体大脑打造高黏性的学术社区，这才是我们在互联网时代要着重探讨和关注的解决方案。

第三，场景化。"数字场景"是一个较大的概念，未来的场景将越来越细分化。习近平总书记在政治局集体学习谈到媒体融合时曾指出，提供给老百姓的信息服务需要做到互动式、服务式、体验式。具体应用在学术资源配置方面，这三点也有很强的借鉴意义，可以实现学术资源的全方位覆盖，全领域延伸和多领域拓展。基于此，围绕"数字成果"的概念将大有文章可做，通过进一步的细化，学者在办公室、在家里、在交通工具上、在公共场合等场景中，都可以使用学科全媒体大脑，但不同的场景的具体需求又是不一样的。

一方面，具有普遍化需求，对学科整体的了解；另一方面，也有个性的需求，例如，从时间线的角度可以划分为最近一个月、两个月等的学术个性化需求。

场景化与需求有较强的相关性。需求可以分为主动的和被动的，被动需求是用户已经有所关注，但学术服务机构可能还未意识到，学科大脑通过提供专门化服务或许就可以解决这个问题。场景化的实现，需要学科知识和学科服务的有机结合，从而吸引用户产生黏性，并成为"沉淀用户"。因为，沉淀用户才能形成数据，有了数据积累才可能对学者进行分析。作为一般消费者来说，我们现在使用的互联网产品基本上都实现了这种功能，即精准推送，作为用户甚至会感到不堪其扰。但是对于学术出版的场景化服务来说，可以做的工作还有相当多，这方面是未来可以着手发力的地方，只有了解学者的需求，提供的服务才能够真正叫"精准到位"。

第四，智能化。智能化是全媒体大脑的基础，非智能化的学科大脑没有存在的意义。一方面，传统学术知识库或体系是标准化、单向度的，作者负责生产，读者进行使用。另一方面，它又具有规模化的特点，学术著作的读者数量一定是多多益善。然而，在学术研究越来越分化并且交融的时代，学科大脑能够提供的，除了以上所讲的标准化、单向度和规模化之外，更高的价值则体现在提供个性化、互动式、服务式、体验式甚至是智能化满足、智能化推送的内容产品。

放眼世界，学术研究、学术创造越来越强调人机对话，机器人生产的学术内容已经可以在学术期刊上面发表。在这个领域，麻省理工学院媒体实验室（The MIT Media Lab）的团队已经开始研究人机交互之后的知识生产相关问题。伴随知识产品的生产方式机器化（通常称为 MGC，即机器生产内容）趋势，传播过程也更加趋向机器化，使得消费过程的场景化成为可能，内容产品的精准用户从而也可以被获取。综上，在不同场景之下，把所需要的知识内容进行识别判断并推送给用户是未来追求的方向，也是学术出版机构大有作为的工作。

王晓光[*]

面向数字人文的智慧数据建设

"数字人文"是数字技术和人文知识生产体系深度融合的结果，推动了人文学术研究范式的变革与创新。追溯数字人文的发展历史，可以发现它与数字编辑和数字出版都关系密切。数字人文的历史起点一般认为可以追溯到20世纪50年代布萨神父与IBM公司合作利用计算机对神学家托马斯·阿奎那的拉丁文作品电子化索引工作。这种合作

---

[*] 王晓光，武汉大学信息管理学院副院长，大数据研究院常务副院长，数字人文研究中心主任。

的主要因缘是计算机的早期应用成本很高，宗教与神学机构的资金比较丰富。由此可见，整个社会的变革与转型——从传统印刷到电子化，再到数字化——不是一蹴而就的，媒介与知识载体转型的成本极其高昂。布萨神父开启的图书电子化工作，拉开了图书、报纸、期刊、照片、古籍等文献资料的电子化和数字化转型大幕。文献资料的电子化不仅改变了研究素材的载体形态，也改变了人文学者获取、阅读、分析和使用这些素材的方法与手段，计算机、数据库等计算工具逐渐成为学术工具，嵌入学术过程，进而引发了新的思维形式——"计算思维"在人文领域的兴起，这就导致人文计算（数字人文）的兴起，进而引发了研究方法、工具和问题等方面的创新与变革。

数字人文的发展是人文学术范式的一种时代性革命。大卫·贝里在《数字人文：数字时代的知识与批判》一书中，提出了一个数字人文堆栈模型，该模型的底层是计算思维和知识表示模式的创新，即知识发现和表示方式的创新。印刷时代有其独特的知识表示方式，比如照相术，它超越了简帛与抄本时代的局限，可以用实际的影像表达知识。同样的，在数字时代，知识也应该有其独特表示方式，以发挥数字媒介的可供性。现如今，出版物、图书馆的数字信息资源仍不太满足数字学术的发展需要，只有在整体上改进现有的学术生产模式，提供更多数字学术资源，建设数字学术基础设施，才能产生一种新的研究方法——Digital Methods（数字方法）。相对来说，目前，欧美国家的数字学术基础设施建设步伐较快。

建设面向数字人文的学术研究范式，建立新的研究基础设施需要从两方面发力：一是数据资源建设，内容是出版领域的核心概念，提供给人阅览的对象称之为内容，提供给机器的内容可以称为"数据"。因此，今天把古籍、图像、社交媒体、智慧城市等领域的数据纳入研究范畴后，用于机器分析时，可以称之为新型数据资源。二是要有计算方法与软件工具，这些年新兴的方法包括文本挖掘、机器学习、深度学习、信息可视化、时空挖掘等，相关工具包括 Omeka、Python、ArcGIS、Voyant 等软件。在此之外，我们需要有一种新的研究理念，包括 Open Science（开放科学）或者 Open Access（开放获取）。在这种理念支撑下，学术研究基础设施需要发生更随性转换，需要图情界与出版界共同努力构建新型人文研究基础设施，支撑人文学术发展。

数字人文作为一种新兴学术领域，其发展离不开两个关键因素，第一个就是数据。传统的人文研究对象可以称为小数据，绝大部分人文学者接触到的文献量还是非常小的。和大数据相比，传统小数据的研究方法主要是阅读 + 思考，主要依赖是学者自身这个"湿件"，也就是学者大脑。今天有了大数据以后，需要做的工作就不仅仅是阅读，还要做计算，没有计算机这个"硬件"和程序性"软件"，很多数据都处理和解读不了。在今天的大数据环境下，计算已经成为学术研究的必要环节和过程。数据计算加上阅读阐释，才能产生新的思想和知识。

人文研究领域的数据资源建设正在兴起。借助国家社会科学基金和教育部人文社会科学基金数据库，我们用数字、数据、知识库、语料库、资料库、平台这些词汇进行检索发现，我国社科基金资助的数字人文类项目在快速增长。国家社科基本重大项目一直是我们国家社科领域发展动向的风向标，社科重大基金在 2009 年前基本不关注数据库平台建设，2009年以后，"数字人文"这个概念进入中国，于是数字人文类项目数量成倍增长。而且，随着数字人文理念的普及与接收，越来越多的人文创新开始依赖于新型数据资源的建设。

数据平台建设在新的时代需要有新的思维模式。从整体上看，数字人文的思维是开放的、计算的、量化的、协同跨学科的，不仅需要大数据，关联数据，更需要开放数据，更重要的是Smart data——智慧数据。智慧数据与传统大数据"五个V"特征，它具有可信、可关联、可溯源等属性，可以说是一种更高等级的信息资源存在状态。

出版业一直在做内容生产，内容资源体系下一步需要整个升级。今天，我们把图书进行数字化加工，形成电子文献数据库，但我们只是把纸质图书做了数字的，这种数字化操作可以称为电子摇篮本时代。电子数据库后是专题数据库，专题数据库里的数据结构确实和纸质文献已经不一样了，因为它是抽出来的结构化数据，但这还不是未来。我们需要建设的是智慧数据。智慧数据在功能上、状态上、形式上都有变化。我们实际上需要构建新的资源体系，在底层有原始的电子文献数据库、专题数据库，更上层有知识图谱、关联数据这种更加富于语义的数据资源形态。

智慧数据库建设有三个关键技术：第一个为语义增强，通过语义增强的方法让计算机更容易理解信息资源的内涵和语义特征。早期的文本、现在的文本以及很多图书在某种程度上都可以说是叙事性文本，这种文本再升级就需要改变它的知识表示方式，从传统的Text文本到Hypertext，再到下一步Statement-based的知识表示方式。这样的知识表示方式会改变出版物的基本形态。现在学界已经提出两个新兴出版物模型：NanoPublication Model（纳米出版物模型）、MicroPublication Model（微型出版物模型）。这两个模型都是对文本表达、知识表示方式的创新，使得论文的知识不再是给人看的，而是给机器看的。它需要在知识表示方式上做语法转换，这种转换可以让计算机更容易理解、分析、挖掘内容。

第二个关键技术叫"关联数据"，在图情领域说的比较多，在出版界因为商业目的，谈的比较少一点，但它也很重要。我们把很多公共性数据资源都可以发布成关联数据，实现全球数据间的自动关联。出版社可以将图书元数据发布成关联数据，就可以与其他出版社发布图书数据相互关联。

第三个关键技术就是知识图谱，它是高级的知识表示方式。它支持以问答的方式进行知识服务。今天，数字阅读才刚刚开始，我们要做的创新工作是面向未来研发阅读文本的交互界面。早期的书是冷的东西、静态的东西，而目前的电子书功能可供性也不强，还需要创新设计更新颖的阅读与交互界面，这不仅依赖于内容形式创新，还依赖于软件系统的功能创新。

近两年来，武汉大学和敦煌研究院合作，尝试将敦煌研究院不同类型文献资源，包括文书、照片、研究文献，形成数字化资源后，再转成知识图谱。我们先设计了知识本体，建立了数据模型，做词表、语义框架等基本数据资源的建设，大部分工作都遵循了国际性的标准。我们要做的是敦煌壁画知识图谱及其应用系统，不仅支持大众的检索浏览，还要支持学术研究。我们希望探索出知识图谱支撑敦煌研究的学术路径，或者说是数字人文典型范式。

如果我们有了智慧数据，它到底该怎样支撑学术研究呢？根据现有的数据资源和内容资源，通过各种数字化、语义化、关联化转换，可以将其转换成智慧数据结构。这种数据结构更便于机器阅读，当然它不仅仅是机器阅读，更重要的是让机器帮助我们开展学术研究，包括语义检索、情景检索、关联分析、版本比对、社会网络呈现、文本挖掘、可视化遥读等等。

我们的工作会怎样推动整个学术研究发展呢？核心在于建设智慧数据资源。从文献到内容再到数据，这个概念的转型将支撑整个学术研究环境，包括新场景、新问题和新方法的发展。在方法上，我们可以采用传统理论 + 数据驱动的混合方法，基于互联网观察、众包科学和虚拟现实，我们可以开展新型的研究。新的数据资源和混合方法不仅仅支持定性和定量的研究，还支持相关性和因果性分析。最终成果出来之后，就通过印刷方式或者数字方式出版发表。

未来，数字人文和数字出版将加速人文领域的智慧数据资源的建设步伐，将传统文献资源转化为智慧数据，建立起新型数字学术基础设施。武汉大学数字人文研究中心愿意与大家一起参与数字人文学术共同体的建设，建设开放式的人文研究网络。

媒体观察

柳 杨 周 贺*

从中国学术出版年会看中国学术出版的十年

做学术出版是冷清且枯燥的，不管是对学术出版编辑还是对学术出版机构来说，都需要坐得住冷板凳。社会科学文献出版社（简称"社科文献出版社"）几十年如一日，坚守在学术出版的阵地上，不仅出版了大量"立得住、叫得响"的学术图书，更培养了一批能够与学术界对话的编辑。为了提升中国学术出版的行业地位和发展水平，2011年初，

---

* 柳杨，社会科学文献出版社学术传播中心（市场部）主任；周贺，出版商务周报记者。

社科文献出版社首次在经销商大会上设置主题,探讨"数字环境下传统书业的营销";2012年,主题研讨升格为书业发展论坛。在此基础上,2013年,社科文献出版社联合中国新闻出版研究院、百道网正式推出中国学术出版年会,从此形成传统,至今已举办十届。

十年来,中国学术出版年会逐渐成为每年北京图书订货会期间备受业界和媒体关注的活动之一,为学术界、出版界、媒体以及社会各界打造了一个跨界交流的公共平台。社科文献出版社以一社之力广邀社会各界共同探索学术出版的发展道路,肩负起繁荣学术出版、服务学术发展的重任。与此同时,社科文献出版社在自身发展方面,通过实施学术产品的系列化、规模化和市场化,打造了皮书数据库、国别区域与全球治理数据平台、"一带一路"数据库、集刊数据库、台湾大陆同乡会数据库、中国减贫研究数据库等一系列特色数字出版产品;在经典学术著作之外,还孵化了甲骨文、索·恩、启微等影响卓著的子品牌,搭建了数百种学术集刊的出版平台,建立了生产、运营、营销一体化的发展模式。

坚守学术出版35年　愿为行业发声

作为一家学术出版机构,社科文献出版社一直一心一意地做学术出版,涉及的图书品类基本是人文社会科学相关的专业出版。1997年,谢寿光调入社科文献出版社主持工作,在此前的15年间,编辑百科全书的经验、对中国近代出版史的深入研究,以及从未改变的对学术出版的敬畏之心,使得谢寿光有信心为社科文献出版社社建构一整套学术出版体制。"在出版领域,我们不可能包打天下,教材、教辅、少儿等图书产品必须舍弃。"谢寿光分析道,"作为中国社会科学院的直属出版机构,我们应该在最有可能形成品牌、影响力和竞争力的领域占据应有的位置。"

在早期的探索中,谢寿光深感学术出版存在理念性缺失,"甚至对学术出版这个概念本身都没有一种界定""任何一个行业和产业的发展,都离不开哲学社会科学作为支撑,如果没有理论的探讨和研究,学术出版是走不远的"。于是,他将自己多年的研究与思考付诸社科文献出版社的创业实践中。2010年前后,社科文献出版社社逐步实现了从理想、理念、规划、制度、流程到人才的全套学术出版资源配置,开始尝试为整个学术出版行业发声。在2011年初经销商大会主题论坛上,谢寿光首次提出现代出版应划分为三个领域:大众出版、教育出版和专业出版,要想做好出版工作,必须"术业有专攻"。

2013年,社会科学文献出版社经销商大会正式升级为中国学术出版年会,谢寿光在当年年会上发表主旨演讲《中国学术出版的现状、问题与机遇》。他指出,学术出版本身有门槛,它是非常专业的事情,需要有一整套的规范制度。此后,社科文献出版社社代表全国50多家出版社发起实施学术著作出版规范的倡议,承担学术著作规范国家标准的起草工作,并严格执行匿名评审和编审分离专业制度。在出版社内部,谢寿光带领自己的研创团队编写作者手册、编辑手册,并计划在推出"中国版的芝加哥手册"——《SSAP手册》。

制定标准,设立规范并且长期坚守,在彼时的出版行业大环境下并非易事。凭借对学术出版的清醒认识、准确判断以及行业自觉与担当,谢寿光带领社科文献出版社社开创出了一番新局面。社科文献出版社仿佛产生了一个强大的磁场，吸引了越来越多的学者、优质作者、读者以及同行，一举一动经常成为行业研究的案例与对象。

社科文献出版社凭借"创社科经典，出传世文献"的出版理念和"权威、前沿、原创"的图书定位赢得了学界广泛认可。社会学、近代史、苏联东欧研究等细分品类在出版界独领风骚，经济管理、国际问题、古籍文献等领域亦别具特色，学术期刊、电子音像、数字出版、国际出版齐头并进。谢寿光还开创了一种名为"皮书"的全新出版形态和图书品牌，不仅成为中国社会科学院乃至中国社会科学界的学术品牌，还被纳入中国社会科学院哲学社会科学创新体系和"十二五""十三五"国家重点图书出版规划。与此同时，中国学术出版年会也得到了越来越多的关注，讨论议题也随着规模扩大越来越深入。

每年一个主题　聚焦学术出版的热点和痛点

十年来，出版业在不断变化，新媒体营销兴起，数字出版改变了读者的阅读习惯，我们出版行业与国际出版业的交流与合作日渐深入……在这些崭新话题的探讨和分析中，中国学术出版年会从不曾缺席。

随着中国成为世界第二大经济体，迈入中等收入国家行列，中国的国家形象、中国的国际话语权和中国国际话语体系的建设，成为举国上下高度关注的问题。因此，2014年中国学术出版年会的主题是"全球视野下的学术出版与营销"。谢寿光认为，要通过学术出版在整个传播话语里的独特功能来构建中国话语体系,"中国的观念、价值观要输出,学术先行",构建中国学术国际传播平台的主体应当是中国的专业出版机构,要加强政策支持力度,营造良好的外部环境,鼓励支持本土有条件、有能力的专业学术出版机构与世界著名学术出版机构合作,参与国际学术活动,系统推介有关中国的内容,特别是关于当代中国研究的内容,促进中国的话语全面融入世界主流话语体系。同时,要培养、造就大批有较高专业学术素养和外语功底,具备国际学术视野的学术出版专业人才,建立学术研究、学术出版"旋转门"机制,"简单地说,就是吸引大批的专家学者,从事学术出版活动,同时鼓励学术编辑、学术出版人从事学术科研活动"。

"旋转门"机制是谢寿光倡导多年的学术评价体系之基。在 2015 年以"大数据时代的学术出版与学术评价"为主题的第五届中国学术出版年会上,谢寿光具体阐释道,学术出版机构作为学术资源整合者和学术产品生产平台,是连接学术作品创作者和学术作品消费者的桥梁,是学术作品加工者(编辑)的组织者。创作者、消费者和加工者往往存在角色互换,就是学术"旋转门",学术出版机构是这个"旋转门"的发动机和推手。在学术产品生产过程中,学术出版机构积累了大量的内容生产和评价数据,这些数据构成了学术出版机构建立学术评价体系的基础资源。学术出版机构可以利用这些资源,建立以专业学科编辑为中心、对编辑过程进行重点监测、利用专家系统实施专业的匿名评审和同行评议,兼做其他数据收集和分析的系统的学术评价体系。

2017 年年会以"数字时代学术出版的融合发展:战略与路径"为题,探讨大数据时代下的学术出版内涵,只有不断赋予学术出版新的生命，以大数据思维、知识服务理念颠覆以往对学术出版的认知，才能释放出其原有的和新的功能；2018年年会以"学术出版的未来趋势与能力建设"为题，谢寿光发布了社科基金重点课题《中国学术图书质量分析与学术出版能力建设》的部分成果；2019年年会以"新时代的学术出版：学术诚信与出版者的责任"为题，谢寿光指出，每一个学术出版人都应该尊重学术，对学术怀有敬畏之心，做好"最后的守门人"的角色，提倡为学术出版营造良好的知识创新环境；2020年年会以"数字场景下的学术出版与营销"为题，探讨以互联网、大数据、人工智能为标志的数字技术革命对学术生产、学术出版和学术传播的生态和场景产生的深度改变……中国学术出版年会每年针对一个行业内及学术发展过程中最为迫切关心的问题，进行梳理、分析与展望。在不懈的坚持中，社科文献出版社逐渐搭建起一个学术出版共同体，与学界和出版界共同为学术出版的发展贡献力量。

影响力逐渐出圈　学术出版面临机遇和挑战

十年坚守，中国学术出版年会逐步树立起来的品牌价值和社会影响有目共睹。谢寿光介绍，虽然每年年会的时间只有半天，但总能邀请到非常具有影响力的嘉宾发表主题演讲，含金量非常高。

如中国出版协会常务副理事长邬书林，他表示，中国学术出版年会是社科文献出版社最具有开创性的工作之一，对中国学术出版水平的提高起了重要的推动作用；再如万圣书园总经理刘苏里，每年都要在中国学术出版年会上发布年度书业观察。他们对年会的意义高度认可并且积极支持，从未缺席在重要议题上的发声。随着议题探讨的逐年深入，年会渐渐向上游学术研究、学术市场本身延伸融合，各学科、各领域的知名专家学者也不断加入中国学术出版年会的嘉宾阵营。2019年，美国两院院士、台湾"中央研究院"院士谢宇做了题为"学术出版的内涵与规范"的主题演讲；2020年，中国教育电视台总编辑胡正荣以"媒体融合与学术大脑"为题，探讨学术出版如何利用技术手段与管理手段，通过内容建构最大限度释放学术价值；北京大学中国社会与发展研究中心主任邱泽奇发表了题为"重塑研究能力：数据、智能与学术创造"的主题演讲等，这些都成为中国学术出版年会历史上的高光时刻，凸显了年会的专业性和学术价值。近几年，年会还不断出圈，得到了社会大众的关注和认可。澎湃新闻等大众媒体对年会的关注和报道越来越深入，用在线直播的手段打破了时空壁垒，参与年会的听众也逐渐从出版业内人士拓展到更广泛的人群。以2020年中国学术出版年会为例，社科文献出版社提前在微信公众号上发布了预告，经过报名审核等环节后，读者可参与进来，与年会现场的学者、出版人进行面对面的交流。

当被问及十年来学术出版的变化与发展时，谢寿光表示，学术出版已成为专业出版的一种成熟业态，它的产品特征、运行方式、基本规范日趋完善、定型，学术出版已成为专业出版的基本业态或主体业态之一，在整体出版业中的占比接近四分之一。一方面，中国学术出版服务于新时代中国特色社会主义伟大事业的作用日益彰显，自2011年以来，学术图书的出版规模持续保持增长，质量明显提升；另一方面，中国学术出版的国际影响力明显提升，相关学术图书实物出口、版权输出数量持续增长,数据库产品海外影响力日益扩大。与此同时,社科文献出版社也取得了不少成果,如厘清了学术出版的16个基本概念,包括学术出版、学术图书、学术共同体、学术规范等,填补了这个领域的一些空白,首次提出了学术出版能力建设这一概念,并构建了学术出版资源整合能力、学术产品生产能力、学术产品营销传播能力、数字出版能力和国际出版能力五大指标体系。

谢寿光坦言,中国的学术出版仍面临很多问题,但机遇更大。社会对创新知识的需求越来越迫切,学术出版是专业出版的主体,以学术出版为业的学术出版机构和学术出版人越来越多,中国的学术出版正处于前所未有的机遇与挑战期。中国学术出版年会还将继续陪伴学术出版人应对挑战,拥抱机遇!

图书在版编目(CIP)数据

中国学术出版十年：2011~2020 / 谢寿光主编. --北京：社会科学文献出版社，2022.12
ISBN 978-7-5201-9488-4

Ⅰ.①中… Ⅱ.①谢… Ⅲ.①科学研究工作 - 出版工作 - 概况 - 中国 - 2011-2020 Ⅳ.①G239.2

中国版本图书馆CIP数据核字（2021）第257724号

中国学术出版十年（2011~2020）

主　　编 /	谢寿光
副 主 编 /	蔡继辉　刘德顺
执行主编 /	柳　杨
出 版 人 /	王利民
责任编辑 /	马云馨　张雯鑫
责任印制 /	王京美
出　　版	社会科学文献出版社
	地址：北京市北三环中路甲29号院华龙大厦　邮编：100029
	网址：www.ssap.com.cn
发　　行 /	社会科学文献出版社（010）59367028
印　　装 /	三河市东方印刷有限公司
规　　格 /	开　本：787mm×1092mm 1/16
	印　张：17.5　字　数：191千字
版　　次 /	2022年12月第1版　2022年12月第1次印刷
书　　号 /	ISBN 978-7-5201-9488-4
定　　价 /	98.00元

读者服务电话：4008918866

版权所有 翻印必究